雄安
观察报告

（2023）

浙江大学雄安发展中心　编著

ZHEJIANG UNIVERSITY PRESS
浙江大学出版社
·杭州·

图书在版编目（CIP）数据

雄安观察报告 . 2023 / 浙江大学雄安发展中心编著 .
杭州 : 浙江大学出版社，2024. 8. -- ISBN 978-7-308-25393-2

Ⅰ . F127.223

中国国家版本馆 CIP 数据核字第 2024FA5751 号

雄安观察报告（2023）
XIONGAN GUANCHA BAOGAO（2023）

浙江大学雄安发展中心　　编著

策划编辑	吴伟伟
责任编辑	丁沛岚
责任校对	陈　翩
封面设计	雷建军
出版发行	浙江大学出版社
	（杭州市天目山路 148 号　邮政编码 310007）
	（网址 : http://www.zjupress.com）
排　　版	杭州晨特广告有限公司
印　　刷	杭州高腾印务有限公司
开　　本	710mm×1000mm　1/16
印　　张	11.25
字　　数	162 千
版 印 次	2024 年 8 月第 1 版　2024 年 8 月第 1 次印刷
书　　号	ISBN 978-7-308-25393-2
定　　价	68.00 元

引　言

　　2023年,正值雄安新区设立六周年之际,浙江大学雄安发展中心邀请国内相关领域知名专家学者及新闻媒体聚智共谋,组织策划编写了《雄安观察报告(2023)》。报告以"雄安新区高质量发展"为主题,紧扣社会各界对雄安新区建设的关注热点。全书内容包括三篇,即产业篇"借船出海——承接北京功能疏解与高端高新产业发展""无中生有——汇聚全球创新要素与高端高新产业发展""标杆引领——雄安综合保税区与高端高新产业发展""腾笼换鸟——传统产业转型升级与产业创新生态营造""他山之石——康巴什新区的经验教训及其对雄安新区的启示"、管理篇"云上之城——数字孪生助力雄安城市治理现代化""承接疏解与府际财政安排""京雄两地城市新型合作机制探讨""京津冀协同发展的现实难题、思路转向与路径探索"、生活篇"观察:在雄安看见未来城市的样子""观点:雄安房产新政,对我们有哪些影响?""纪实:在这片承载着千年大计的土地上,来自浙江的'雄漂'干得怎么样?"。

　　报告从专家学者和媒体的不同视角,解析了雄安新区设立六年以来的建设实效、产业发展现状,以及城市居民的观察与感受,并从理论和实务层面详细论述了雄安新区在承接北京非首都功能疏解和大规模开发建设同步推进阶段所面临的新需求、新挑战,还深入探讨了雄安新区发展高端高新产业、建设未来城市的举措和路径选择。

浙江大学雄安发展中心

二〇二三年十月

目　录

·生活篇·

产业篇

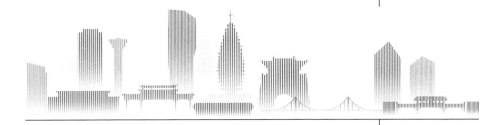

第一章　借船出海

——承接北京非首都功能疏解与高端高新产业发展

叶堂林　于欣平*

　　雄安新区与北京之间是合作共赢的关系。雄安新区是北京"新两翼"中的一翼,是北京非首都功能疏解的集中承载地,可借助北京优质创新资源推动其高端高新产业发展。当前,雄安新区面临着多重问题:人才储备不足,产业配套体系不完善,公共服务设施数量不够、层次不高;创新基础条件与创新能力存在较大短板,尚未形成完善的科技成果转化机制等。这些问题使得高层次的非首都功能承接工作面临较大困难。本章在借鉴长三角G60科创走廊、广深港澳科技创新走廊、英国东伦敦科技城、日本筑波科学城等区域高端高新产业联动机制的基础上,提出雄安新区应制定关于科技创新、产业联动的专项规划,与北京共建优质科技创新资源的共享机制,以促进产业链与创新链融合发展为抓手推动雄安与北京的有效互动,提升人才素质,优化创新生态,实现雄安新区高端高新产业集群建设,进而实现北京科技成果在雄安落地转化。

---

　　*　作者简介:叶堂林,经济学博士,首都经济贸易大学特大城市经济社会发展研究院(首都高端智库)执行副院长,特大城市经济社会发展研究省部协同创新中心(国家级研究平台)执行副主任,教授,博士生导师,研究方向为区域经济,京津冀协同发展。于欣平,首都经济贸易大学2022级区域经济硕士研究生,研究方向为区域经济。基金项目:国家自然科学基金面上项目"多层动态网络视角下城市群创新生态系统演化机理及绩效评价研究"(72373105)。

一、研究背景与意义

(一)雄安新区创新发展为北京国际科技创新中心建设提供强大助力

打造疏解北京非首都功能集中承载地是设立雄安新区的初心。新区设立之初,习近平总书记就强调"雄安新区不同于一般意义上的新区,其定位为疏解北京非首都功能的集中承载地"[1]。雄安新区建设通过推动非首都功能疏解,缓解北京的发展压力,为北京的高端产业发展提供空间。为有效缓解"大城市病",促使北京向津冀疏解部分非关键、非核心的行政、商业和文化功能,为高端产业的发展提供空间,作为非首都功能疏解的集中承载地,雄安新区不仅承担着部分央企总部、高等院校等高层次非首都功能的转移,还通过规划建设大量的公共服务设施和绿色生态空间,改善生态环境,提升居民生活品质,实现城市的优化升级和资源的有效配置,使其更加专注于发展高端服务业和高精尖产业。北京建设国际科技创新中心,需要强有力的创新腹地作为支撑,而雄安新区作为北京"新两翼"中的一翼,应作为北京的创新腹地与北京进行互动,推动北京国际科技创新中心建设。首先,雄安新区作为科技创新示范区,能够吸引大量的高新技术企业、科研机构和优秀人才入驻,引导创新资源的集聚,与北京进行多方面的创新互动。其次,雄安新区通过建设创新创业孵化器、科技园区等创新载体,提供优质的创新创业环境和服务,促进科技成果的商业化和市场化,推动科技创新与产业升级的深度融合。北京企业和创新机构可以通过与雄安新区的合作及对接,加速北京科技成果在雄安落地转化和商业化。最后,雄安新区通过高层次的高等院校、科研院所及创新平台的引进,进而推动北京与雄安新区的人才培养和人才交流等合作,有效促进人才的跨区域流动和知识的交叉融合。

（二）依托北京创新资源助推高新产业发展是雄安新区的必经之路

北京作为我国的科技创新中心，在科技创新能力、技术转移与合作、创新生态、市场和金融支持、政策和管理经验等方面都具有显著优势，可以为雄安新区高新产业的发展提供有力支撑。首先，北京拥有丰富的创新资源和科技人才。雄安新区紧邻北京，依托北京的创新资源，可以快速获得技术、人才和资金等各种支持，为雄安新区的高新产业发展提供强有力的支撑。其次，北京拥有全国最优质的科研机构和高等院校，具有较为完善的创新生态系统。这些科研机构和高等院校积累了丰富的科研成果和技术资源，在新技术、新材料、新能源等领域具有较强的创新能力。雄安新区通过与这些机构和高校的合作，吸引优质产业和创新成果集聚，快速建立起高新产业体系。再次，雄安新区可以借助北京及周边地区的产业基础，吸引企业和创新机构在雄安落户，并与北京及周边地区形成紧密的产业链与供应链合作，进而打造具有竞争力的产业集群。

二、核心城市与腹地城市互动关系的理论分析

核心城市是城市群中创新活动的主要发生地和集聚地，拥有丰富的创新资源、创新人才和创新机构，其内部集聚着高端产业、研发机构、总部经济等高附加值的产业链环节，拥有较为完善的基础设施和公共服务，通常具备较强的吸引力和竞争力，在区域经济中有着引领和带动作用，对周边地区产生重要的辐射影响。腹地城市是城市群中创新活动的辅助地和扩散地，拥有较低的创新成本、创新需求和创新潜力，是核心城市周边地区的城市，通常承担着为核心城市提供劳动力、土地资源、基础设施等供应和支撑的作用，发展的重点往往集中在高端服务业和产业链的配套环节。核心城市与腹地城市之间存在着一种相互依存和协同发

展的关系。核心城市依靠腹地城市提供的资源和支持，实现自身的发展壮大；而腹地城市通过与核心城市的联系与合作，获得更多的发展机会和提升空间。这种核心城市与腹地城市之间的关系，有利于优化区域资源配置。推动区域产业高质量发展。

增强核心城市与腹地城市的互动可从三个方面着手：第一，通过畅通核心城市到腹地城市的创新要素流动通道，使腹地城市能够借助核心城市的创新资源实现创新能力的提升。利用核心城市与腹地城市之间的互补优势和协作机制，推动技术交流和合作，形成创新平台和要素流动通道，从而降低创新资源交易成本。腹地城市通过共同研发技术等形式向核心城市发出定向委托，或者与核心城市的科研机构共同搭建科技创新基地，利用政府的行政力量引导社会创新资源的流动。除此之外，人才的储备也至关重要。腹地城市通过与核心城市共同建立人才联盟，实施人才交流计划、人才引进计划、人才培训计划等，推动腹地城市与核心城市之间的人才流动。第二，培育新的创新组织形式，打造创新生态系统。通过建立不同层次、不同领域、不同主体的创新组织形式，如创新联盟、创新平台、创新网络等，实现核心城市与腹地城市间的协同创新，在共享资源、共担风险、共享成果的基础上，实现创新活动的协调、配合和整合。通过协同创新促进核心城市与腹地城市间创新生态系统的形成，核心城市与腹地城市可以实现互补互利，提升创新能力。核心城市可以通过向腹地城市输出创新资源、技术、理念和模式，帮助腹地城市提高创新水平和发展质量，扩大自身的市场空间和社会影响；腹地城市可以通过向核心城市输入原材料、人力、资金和需求，帮助核心城市降低创新成本和压力，增加创新活跃度。一是加强中心城市和腹地城市之间的协同创新。中心城市和腹地城市应该根据各自的优势和特色，建立合作机制，共享创新资源，形成互补互助的关系。二是构建多层次的创新平台。核心城市与腹地城市应该根据不同层次的创新需求，建设各类创新平台,打造具有开放性、包容性和多元性特征的,能够汇聚各类创新主体的,提供各种创新服务的合作平台。三是培育多样化的创新文化。中心城市和腹地城市应该注重培养尊重知识、崇尚科学、敢于探索、勇于实践的创新文化,营造鼓励创新、容忍失败、奖励成功的创新氛围。第三,促进产业链和创新链融合,推动腹地城市与核心城市之间的互动。要加强腹地城市与核心城市之间产业链的协同配合,为创新主体的集聚和流动提供引导路径。腹地城市可以与核心城市共同建立产业链协作平台,搭建两地创新主体之间的信息交流机制、技术合作机制、资源共享机制、风险共担机制等,促进产业链在两地间补链、延链,在强化上下游产业联系的基础上,推动产业链、创新链、价值链的优化整合,形成腹地城市与创新城市之间的创新分工和协作体系,提高创新效率和创新效益。腹地城市可以依据核心城市产业链绘制产业图谱,进行定向招商、精准合作,主动嵌入核心城市的产业链布局。[2]

　　北京作为我国的首都,拥有众多高精尖产业、高等院校、科研院所及相应的文化设施,吸引了大量的人才和投资,是京津冀区域的核心城市。雄安新区是第三个具有全国意义的国家级新区,其设立旨在缓解北京的"大城市病",承担着为北京提供空间扩展、人口疏解和产业转移等功能的重要任务,其建设有利于优化城市群空间布局,和北京市形成中心与外围的发展态势,推动区域产业结构转型升级。对北京与雄安而言,北京作为创新核心城市要继续发挥引领作用,推动关键技术领域和重大科研项目的合作;雄安新区作为腹地城市则应按照重点产业链图谱布局,推动产业结构升级,为新的创新合作形式奠定产业基础。

三、推动雄安新区高端高新产业发展的现状及问题分析

　　作为北京非首都功能疏解的集中承载地和北京"新两翼"中的重要一翼,雄安新区自设立以来,围绕初心使命,紧扣建设创新驱动发展引领

区的发展定位，积极承接北京的非首都功能疏解，不断密切与北京之间的合作关系，完善产业和创新要素的集聚条件，但仍存在人才储备不足，产业配套体系不完善，公共服务设施数量不够、层次不高，创新基础条件与创新能力面临较大短板，尚未形成完善的科技成果转化机制等问题。

（一）产业基础设施建设取得重要进展，但仍面临产业配套体系不完善等问题

雄安新区不断提升固定资产投资水平，加快推进基础设施建设。从固定资产投资来看，2023年上半年，雄安新区完成固定资产投资同比增长17.8%。基础设施类投资力度不断加强，配套市政基础设施工程、雄安至北京大兴国际机场快线项目等重大工程加快推进，基础设施投资同比增长96.7%。但产业基础设施建设仍面临着巨大财政资金缺口。一方面，产业配套基础设施仍不完善。雄安新区产业园区和科技园区仍处于建设阶段，在交通物流、办公环境等方面不能为企业提供便利条件。另一方面，基础设施建设项目投资规模较大，财政资金存在较大缺口。雄安新区起步阶段的主要建设项目包括以创新基础设施为代表的新型基础设施建设项目，以白洋淀生态治理等为代表的生态环保和污染治理项目，以地下管廊为代表的市政工程项目，以征地拆迁和居民安置为代表的住房保障项目等。上述项目具有投资规模大、公益性强、回报周期长等典型特征，社会资本参与度低，导致雄安新区短期面临较大的财政资金压力。[3]

（二）积极承接北京非首都功能疏解，但承接难度仍然很大

雄安新区通过制定政策支持北京非首都功能疏解，为雄安高新产业发展夯实基础。雄安新区制定《企业跨省市迁移"1+N"行动方案》，即"1"套跨省迁移体系和"N"项支撑迁移体系的惠企举措，构建形成企业跨省市迁移服务体系。自建设以来，中央企业在雄安新区设立各类机构150

多家,其中二、三级公司100多家。但是,由于雄安新区承接的是北京非首都功能疏解的高端部分和重要环节,吸引这些高端功能和重要环节主动疏解到雄安新区并实现高质量的承接难度很大。《河北雄安新区规划纲要》提出雄安新区重点承接高校、医疗机构、企业总部、金融机构、事业单位五类优质非首都功能,但这是北京非首都功能中最难疏解的部分。雄安新区应营造出优质的疏解承接环境,让疏解出来的非首都功能顺利在雄安新区落地生根并发展壮大。

(三)雄安新区中关村科技园建设提升了新区科技创新能力,但创新基础和创新能力仍存在较大短板

雄安新区依托北京的优势创新资源,建设雄安新区中关村科技园,使雄安新区的科研水平进一步提升。雄安新区中关村科技园重点围绕空天信息、智能网联、信创、人工智能等细分领域,吸引创新型企业入驻。目前,雄安新区改革发展局、中国雄安集团、中关村发展集团共同签署了战略合作协议,20家意向入驻企业包括新华三集团、360数字安全集团、中科星图股份有限公司等龙头企业以及眼神科技、国电高科、东方雨虹等创新型企业。此外,雄安新区在中国国际数字经济博览会上发布了数字经济专项支持政策,针对软件和信息技术服务业、空天信息的技术研发方面给予1:1的资金配套支持。雄安新区中关村科技园的建立能够使雄安新区研发主体的数量和质量得到提升,使创新型企业在雄安集聚产生规模效应,提升新区科技创新水平。但雄安新区的创新基础与创新能力仍有不足,制约了北京的科技成果在雄安新区的落地转化。2022年,保定市人均科技技术一般公共预算支出为101.44元,北京市为2057.64元,是保定市的20.28倍,两地的科研经费投入强度差距较大。与北京市各区对比来看,2021年,雄安新区每万人拥有专利授权量为16件(如图1-1所示),位居北京末位的延庆区(20件)是雄安新区的1.25倍,位居北京首位的海淀区(229件)是雄安新区的14.31倍,雄安新区科技创新能力

仍存在巨大提升空间,科技创新能力的不足将制约雄安新区承接北京创新企业和优质创新资源。

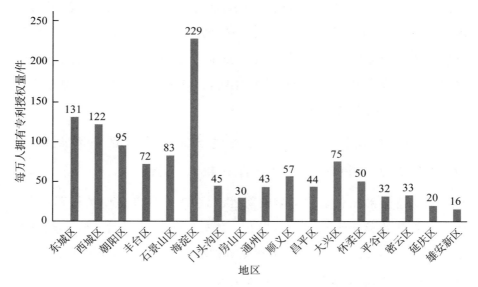

图1-1 2021年雄安新区与北京市各区每万人拥有专利授权量

（四）持续提升科技成果转化与应用水平,但科技成果转化机制仍需完善

雄安新区应通过高效承接北京创新成果并落地转化来提升自身的科技成果转化与应用水平,推动其高端高新产业的发展。《河北雄安新区支持企业创新发展若干措施》指出,要支持新区企业开展首台（套）重大技术设备的推广和使用。中国科学院雄安创新研究院致力于推动关键核心技术在雄安新区的落地转化,打造引领雄安新区高新技术产业发展的孵化器。目前,雄安创新研究院已建立起通信光子集成芯片实验室等多个科研平台,并进行数字交通实验等多个项目,与相关企业展开对接,尝试依据雄安新区的道路交通,将研发出的自动驾驶技术成果运用于物流运输。但雄安新区的科技成果转化机制仍需完善,科技成果转化效率

有待提高。一是雄安新区缺乏有效的科技成果转化渠道,科技成果转化需要投入大量的资金和人力,同时还需要技术、管理和市场等各种资源的支持。目前雄安新区的科研机构和高等院校缺乏有效的科技成果转化渠道,导致科技成果无法及时得到应用和推广。二是雄安新区风险投资不足,限制了科技创新成果的商业化。初创企业难以获得资金将其想法推向市场,导致许多创新成果无法落地转化。

(五)借力北京创新人才优势提升人才素质,但人才储备仍有待提高

通过设立海外学人中心雄安中心、出台吸引北京创新创业人才的相关政策,雄安新区的育才、引才能力得到显著提升。京冀共同设立海外学人中心雄安中心,鼓励引导"HICOOL全球创业大赛"等获奖项目落地雄安。《关于加快聚集支撑疏解创新创业新人才的实施方案》指出,要围绕北京非首都功能疏解布局人才链,加快聚集紧缺人才、引进培育高端人才、选好用好关键人才、充分激活现有人才,打造国际高端人才聚集区和人才特区,为雄安新区高端高新产业发展提供坚实的人才智力支撑。但雄安新区仍处于人才紧缺的状况,人才队伍建设仍需进一步加强。《2022年雄安新区急需紧缺人才目录》围绕雄安新区五大高端高新产业当前和未来发展需求,发布了578家用人单位2507个岗位15560条人才需求信息。此外,雄安新区还存在人才专业结构不合理、"高精尖缺"人才占比低、国际化程度低等问题,与新区发展目标和需求不相适应。[4]

四、核心城市与腹地城市创新互动的经验借鉴

本部分通过借鉴长三角G60科创走廊、广深港澳科技创新走廊、英国东伦敦科技城、日本筑波科学城等在科技创新及推动产业发展方面的典型模式与经验,以他山之石,为雄安新区借力北京的创新资源推动高端高新产业发展寻找新的着力点。

（一）案例分析

1.长三角G60科创走廊

长三角G60科创走廊是我国率先探索的全球科创走廊,是目前唯一被纳入一系列国家发展规划纲要并出台专项建设方案的重大区域发展实践。自启动建设以来,G60科创走廊合力共筑科技创新策源地,共建世界级产业集群,共育国际一流创新生态。各城市聚焦重大战略和前沿技术,搭建创新平台,弥补科创走廊中其他城市的薄弱环节。围绕产业链部署创新链,强化产业联盟体系支撑和头部企业引领带动作用,加强各地优势产业协同错位发展,持续推动产业链深度合作,打造先进制造业产业集群。长三角G60科创走廊在构建区域产业链布局、推动产业链与创新链融合、推动全要素对接合作等方面,为雄安新区发展提供了经验借鉴。

2.广深港澳科技创新走廊

广深港澳科技创新走廊连接广州、深圳、东莞、香港、澳门五个地区,走廊内涵盖各类园区、创新平台等资源,是粤港澳大湾区国际科创中心建设的核心承载体。科创走廊也从广深地区扩展到整个粤港澳大湾区,整合形成了整个珠江口岸创新资源集聚地。广深港澳科技创新走廊在政府、高校(及科研机构)和金融机构支撑的人才、资金、平台、政策等全方位的要素协同方面,为雄安新区发展提供了经验与启示。

3.英国东伦敦科技城

英国东伦敦科技城位于伦敦东区。自2010年成立以来,在政府的大力支持下,东伦敦科技城开始发展高科技产业,10多年间吸纳了1600多家企业入驻,成为继硅谷之后的又一世界一流科创中心,目前已成为欧洲成长最快的科技枢纽。自成立以来,东伦敦科技城吸引了众多知名大公司在这里设立办事处或创新中心;与伦敦各大学、研究机构、技术中心和创新中心进行合作,积极构建创新合作伙伴关系;设有多个孵化器和加速器,为初创企业提供办公空间、资源支持和导师指导等。英国东伦敦科技城在搭建沟通平台、引进人才、营造创新生态等方面,为雄安新区发展提供了经验与启示。

4.日本筑波科学城

日本筑波科学城位于东京都市圈范围内,分为"科学园区"和"周边开发地区"两大部分。在日本政府的统筹规划下,筑波科学城成为一座以科学为基础、以科研教育单位为中心和主体的新型科学城市,汇聚了日本大部分的科研机构和创新要素,体现了东京都市圈核心区与外围区的协同创新建设。日本筑波科学城在政策制度和组织机制建设、吸引人才、提升基础设施水平等方面,为雄安新区发展提供了经验与启示。

(二)经验借鉴

1.创新跨区域产业合作平台与协同机制

第一,打破合作发展壁垒,打造跨区域合作平台。

广深港澳科创走廊以走廊沿线的科技城、高技术产业基地等创新载体为抓手,打造创新要素流动畅通、科技设施联通、创新链条融通的跨境合作平台,为跨区域产业合作提供全方位要素资源保障。英国东伦敦科技城搭建沟通平台,提高沟通效率,为跨区域政策的有效实施提供保障。英国政府和伦敦政府为企业搭建了无障碍沟通渠道,并成立专业委员会为企业提供精准咨询服务,对重点扶持企业给予一对一帮扶服务。

第二,明确政策制度和组织机制,保障科学城建设顺利开展。

筑波科学城发展成为日本著名的科技创新中心,主要优势是其政府主导、规划先行的发展模式。筑波科学城从规划、建设到后期发展均由日本政府大力推动,国家在统筹规划之外,还从财政、税收、金融等方面提供优惠政策,并积极争取民间机构和企业的支持,充分调动各方的积极性。在明确的政策制度和组织机制下,筑波科学城的发展得到了法律和规划的有效指导。在筑波科学城发展过程中,日本政府与时俱进推出多项法律、计划和规划,根据时代特征和市场变化修订发展规划,引导筑波科学城的发展。

综上,雄安新区应注重搭建合作平台,通过制定政策指明雄安新区借势北京的途径,明确北京与雄安的利益分享机制、组织机制等,推动京雄两地互利共赢。

2.完善人才培养机制,建立全要素一体化的产学研对接模式

第一,形成完善、高效的人才培养机制。

日本筑波科学城的科研机构多依托于政府行政力量的入驻,因此存在内部知识交流不充分、人才流动性较差的问题,政府针对该问题制定了差异性规划政策,促进科研人员在不同研究机构之间流动,进而促进知识的传播,强化知识的溢出效应。2012年,筑波科学城拥有研究人员1.3万人,而筑波市人口总数为21.6万人,占比达到6.02%[5],由此可见筑波科学城的人才培养机制十分有效。

第二,建立全要素一体化的产学研对接模式。

长三角G60科创走廊、广深港澳科技创新走廊综合对接先进技术、科学设施、科创人才、金融工具、园区空间等各类高质量发展要素资源,并在放管服、科技体制、知识产权保护、产学研转化等多方面给予制度松绑和先行先试权限。长三角G60科创走廊以人才链赋能产业链、支撑创新链。一是,加强产业链引才、重大项目育才,打造一流的人才集群。二是,精准对接重点产业和人才团队创新需求,让企业和人才安心科研。三是,设立G60高水平应用型高校协同创新平台,形成"峰会+培训+中心+基地"融合工作机制,推进共建共享人才高地。

综上,雄安新区应持续完善人才培养机制,优化区域创新机制,促进先进技术、科学设施、科创人才、金融工具、园区空间等多方面要素在雄安集聚,将制度优势转化为治理效能。

3.探索科技创新与产业转化职能互耦的复合发展模式

第一,推动科创与产业深度融合,打造先进制造业产业集群。

长三角G60科创走廊将科技创新与先进制造有机聚合于科创走廊空间范围之内,打造世界级科技型制造业中心,探索中国式产业升级与科技创新的空间模式。

第二,推动"研发资金—制造—基础研发"一体化,促进技术创新链条衔接,培育若干具有全球影响力的万亿级产业集群。

广深港澳科创走廊依托香港、广州、深圳三大创新主引擎功能,不断加强三地创新要素的顺畅流通。广州、香港集聚了一批优质大学、国家重点实验室和国家工程研究中心,深圳集聚了一批具有较高成长性的创新型企业和全球创新引领型龙头企业。以创新"廊道"连接,加之东莞等地的制造业基础和优势,大大加强了创新资源的有效流通和集聚。依托港澳广深莞五地的创新资源优势和高新技术产业发展基础,加快发展新一代信息技术、高端装备制造、生物医药、数字经济、海洋经济等重点产业,培育形成一批万亿产值的新兴产业。

综上,雄安新区应推动产业链与创新链的深度融合,推动产业集群的建立与发展,使北京的创新资源在雄安新区得到有效利用。

4.支持城市间依托产业链同步发展,创建协同创新的发展模式

第一,支持企业在其他城市布局产业链,实现产业链、价值链的最优配置。

长三角G60科创走廊支持企业根据自身发展需要,在长三角区域内布局产业链,开启"多城记"发展模式。

第二,鼓励城市间利用彼此优势,创建协同创新的发展模式。

作为G60科创走廊九大城市之一的芜湖,正在推动"孵化在上海,产业化在芜湖;研发在上海,生产在芜湖;前台在上海,后台在芜湖"的两地协同创新模式。

综上，雄安新区应鼓励企业借助北京的优势，推动产业链协同发展，创建两个城市间的协同创新发展模式。

5.完善公共设施体系，增强吸引人才并留住人才的能力

构建完善的公共设施体系，与公众需求相匹配，以有效促进人口和产业融合。日本筑波科学城的公共设施系统存在三个特征：一是科学城内的公共设施类型层级丰富，注重社区设施配套和社区活力营造。研究指出，除商业设施外，科学城教育设施、医疗设施、绿地公园分布密度最高，与一般城区相比具有优势。二是科学城内的生活性公共设施覆盖范围较广，公共设施布局与居住区、商业区有较强的关联性，且不同类型的公共设施在布局上存在显著差异。根据不同类型公共设施的特征与需求进行布局，建设不同的服务半径，提高公共设施的利用率和效率，避免资源浪费和低效率情况的出现。三是科学城生活性公共设施类型、分布特征具有规律性。科学城的公共设施整体分布密度较高，具有较大的用地规模和丰富的层级。[6]

综上，雄安新区应注重公共设施体系的建设与完善，依据公共设施类型的不同进行空间布局，使公共设施能够最大化地发挥作用，提升雄安新区的基础设施建设水平，为其借力北京创新人才优势、推动高端产业发展提供保障。

6.构建符合自身发展特色的创新生态系统，营造良好创新环境

第一，根据自身发展规划及特色，支持多元主体参与创新生态系统构建。

日本筑波科学城结合自身发展特色，形成了包含高精尖产业创新生态系统和创新创业服务生态系统的独特的创新生态系统构建模式。在高精尖产业创新生态系统方面，构建起风险企业主导型、域内资源整合型、跨区域资源整合型等高精尖产业发展模式，推动日本筑波科学城在高精尖创新成果产业化方面取得了显著成效；在创新创业服务生态系统方面,随着日本筑波科学城创新创业服务生态缺失和不适宜问题逐渐显现,中央政府、地方政府、大学和大院大所、龙头科技服务机构等针对上述问题,开启了政策调整及业务优化。[7]

第二,鼓励为科技创新型企业提供多方面政策支持,培育包容的创新文化,营造良好的创新氛围。

英国东伦敦科技城不断营造浓郁的创新氛围,通过艺术化、潮流化设计,塑造富有创新活力的生活和工作环境。科技城定期邀请世界艺术大师前来涂鸦,并引入露天美术馆,向世界展示全球涂鸦大师作品。同时,科技城还通过点状更新方式推动城市生活配套升级,以激发科技城创新活力。东伦敦科技城艺术化和文创化的更新,重塑了区域认知,再造了区域环境,培育了独特的创新文化。

综上,雄安新区应结合自身产业发展规划,打造创新生态系统,培育浓郁的创新氛围,创造优良的创新环境,为其借力北京的优势资源推动高端产业发展提供保障。

五、对策建议

雄安新区的现代化城市雏形已基本呈现,为高端高新产业发展格局的形成奠定了坚实基础,目前更是进入大规模城市建设和北京非首都功能承接同步推进的重要阶段。对此,雄安新区应从提升科技创新能力、推动技术转移、促进京雄两地合作、营造良好的创新生态等方面发力,高效利用北京优势资源加快新区的创新发展步伐,推动新区由"借力"向"走自己的路"转变,实现科技创新驱动发展的目标。雄安新区可借鉴北京的科技创新政策和管理经验,打造良好的创新政策环境和管理机制,营造良好的创新生态,吸引更多的创新创业人才和企业,促进雄安新区科技创新和创业发展。雄安新区可借势北京优质的创新资源、雄厚的创新基础和强大的创新能力,借助北京的技术转移平台和合作机制,与北京的科研机构、高等院校和企业进行深度合作，推动北京高水平科技成果在雄安落地转化，进而促进雄安新区高端高新产业发展。

（一）制定科技创新、产业联动专项规划，完善顶层设计

雄安新区应不断完善产业规划和顶层设计，结合战略区位、创新资源、产业基础、科技力量，统筹制定高端高新产业发展规划。一要针对共享北京优质创新资源制定相应的政策与专项规划，要求疏解到雄安新区的高校将其专业方向与雄安新区高端高新产业发展重点结合起来，使教师的研究方向和学生的就业方向能更好地推动雄安新区高端高新产业发展。将产业链区域布局、科技园区共建、重点项目推进、龙头企业培育和合作交流平台搭建等作为规划的重要内容，带动雄安新区科技创新水平的提升。二要优化高新产业高质量发展的路径，如加强对产业发展现状的基础评价和条件分析，加强与京津产业联动发展的路径探索及政策保障研究。三要统筹京雄两地发展特色与重点领域，尽量将专项规划细分到产业或产业链的某个环节，强调在产业链各环节上精准施策。

（二）促进创新资源共享与科技成果转化，提升雄安新区创新能力

推动创新资源开放共享与科研成果转化应用，加强共性技术联合开发，促进雄安新区创新水平加快提升。一要重视供需匹配原则，加强共性技术联合开发。支持和引导北京知名院校及具备条件的研发机构、实验室面向雄安新区企业实际需求开展市场化创新服务，提高北京科创成果与雄安新区产业需求的匹配程度；围绕高端高新产业的共性需求，加强研究机构与企业深度合作，协同开展技术创新。二要推动科技创新资源开放共享。加快建立京雄两地科技创新主体在大数据上的互联互通，重点围绕由北京转移到雄安新区发展的企业和机构，通过区域大数据联动，更好掌握创新主体需求和信息，进而促进科技创新政策的精准化推

送和完善。三要建设科技成果转化中介公共服务平台,提升科技成果转化对接服务水平。支持雄安新区龙头企业、创新园区等主体与北京加强合作,共建孵化器、基金等合作平台,围绕产业发展需要,推动开展技术研发、创业孵化、成果转化等合作;推动实行"项目+孵化机构+基金"的联合转化模式,积极组建产业化公司,实现"北京研发、雄安转化"。

(三)以促进产业链与创新链融合发展为抓手,推动雄安与北京的有效互动

雄安新区应加强与北京科技创新及核心产业的对接,以促进产业链和创新链融合为抓手,推动与北京的有效互动。一要优化雄安新区高端高新产业布局,构建高端高新产业与创新互动网络,促进高端高新产业链和创新链的链接与升级。从高端高新产业细分领域入手,紧紧抓住非首都功能疏解这个"牛鼻子",瞄准世界科技前沿和产业制高点,运用好"链长+链主"工作推进机制,多维度探索产业"横向联合、垂直整合、跨界融合"新路径,推动产业链上下游大中小微企业融通发展,推进高端高新产业高质量发展。二要加强雄安新区与北京产业链的协同配合,为创新主体的集聚和流动提供引导路径。京雄两地通过建立产业链协作平台,搭建创新主体之间的信息交流机制、技术合作机制、资源共享机制、风险共担机制,促进产业链在两地间补链、延链,在强化上下游产业联系的基础上,推动产业链、创新链、价值链的优化整合,形成创新协作体系,提高整体的创新效率和效益。雄安新区可以依据京津产业链绘制产业图谱,进行定向招商,精准合作,主动嵌入京津产业链布局。三要重视统一市场建设,尤其是技术市场,通过制定统一的创新法规标准、提供统一的创新激励措施等方式,消除雄安新区与北京在协同创新上的制度壁垒和障碍,促进创新主体公平竞争和合作共赢,激发创新主体的活力和动力。

（四）提升人才素质、优化创新生态，助力雄安新区高新产业集群建设

充分发挥雄安新区贯彻落实新发展理念创新发展示范区的核心引领作用，聚焦高端高新产业资源，打造全球高新产业集群。一要培育和集聚高端创新人才，强化区域战略科技力量。一方面，鼓励雄安新区借助北京科技力量，支持国内外一流高校、科研院所在雄安设立分校、分院，将其建设成科技创新的先导、人才培养的枢纽、协同发展的示范。另一方面，营造一流的国际创新软环境，加大国际顶尖人才的引进力度。围绕重点发展产业构建外籍退休科技人才来华工作机制，优化海外人才回流机制，多路交织引进国际创新人才；开展国外人才"一证通用"改革，为高尖端国际人才流通和集聚提供快捷通道，加快人才港建设。二要强化企业主导的研发模式，完善市场主导的科技创新生态系统。不断拓展政府课题资助体系的选题范围，设置企业科技发展专项课题，推动应用型课题从高校和科研院所主导向企业主导转变，更好赋能企业发展；组织区域产业创新创业大赛，通过"揭榜挂帅"在高校和科研院所发布产业实际需求，鼓励大学生和研究生团队参与创新创业，并对大赛优秀项目进行定向推广转化。三要改革科技创新体制机制，持续优化创新环境。改革科研评价机制、人才激励机制和工资薪酬制度等，为研发人员创造良好的科研环境；集聚和发展各类风险资本，培育风险资本市场，为社会大众的创业创新梦想提供"种子资金"和"天使资本"。

参考文献

[1]以习近平同志为核心的党中央关心河北雄安新区规划建设五周年纪实[EB/OL].（2022-03-31）[2023-12-05].https://www.gov.cn/xinwen/2022-03/31/content_5682786.htm.

[2]叶堂林,王雪莹,刘哲伟,等.京津冀发展报告(2023)——国际科创中心建设助推区域协同发展[M].北京:社会科学文献出版社,2023.

[3]田学斌,曹洋.雄安新区规划建设的进展、困境与突破[J].区域经济评论,2021(2):25-32.

[4]刘鑫.雄安新区高层次人才引进问题及对策研究[D].秦皇岛:燕山大学,2022.

[5]丁建洋.筑波大学协同创新模式的逻辑建构及其运行机制[J].外国教育研究,2015(12):47-56.

[6]赵勇健,吕斌,张衔春,等.高技术园区生活性公共设施内容、空间布局特征及借鉴——以日本筑波科学城为例[J].现代城市研究,2015(7):39-44.

[7]孙艳艳,张红,张敏.日本筑波科学城创新生态系统构建模式研究[J].现代日本经济,2020(3):65-80.

第二章　无中生有

——汇聚全球创新要素与高端高新产业发展

王　琛　徐　梁*

雄安新区是继深圳经济特区和上海浦东新区之后又一具有全国意义的新区。雄安新区瞄准世界科技前沿,面向国家重大战略需求,通过承接符合新区定位的北京非首都功能疏解,积极吸纳和集聚创新要素资源,高起点布局高端高新产业,打造全国高质量发展的样本城市。但是,目前雄安新区产业基础薄弱,缺乏发展高端高新产业的创新要素,直接从工业化中期阶段跨入后工业化阶段并非易事,急需外部力量的植入和推动。为此,本章系统回顾了雄安新区高端高新产业发展和演化的过程和规律,分析了高端高新产业的核心特征、关键因素和发展前提,以及雄安新区发展高端高新产业的优势和劣势,最后在上述基础上提出雄安新区发展高端高新产业的对策建议。

一、雄安新区发展高端高新产业的理论逻辑

新产业可抵消旧产业衰落所带来的消极影响是推动区域可持续发展的根本动力。[1]不同于从要素禀赋探讨国家产业演变的经济学视角,演化经济地理学主要从知识与技术进步的视角研究了发达国家新旧产业

---

* 作者简介:王琛,浙江大学雄安发展中心副主任,浙江大学城市发展与低碳战略研究中心副主任,浙江大学地球科学学院教授、博士生导师,主要从事城市和区域发展等方面的研究。徐梁,浙江大学地球科学学院博士研究生。

的演替过程,并提出了产业分叉理论。[2-3]该理论认为,区域新产业的形成具有路径依赖特性,本地出现的新产业往往从技术上相近或者相邻的现有产业分化而来,新旧产业存在较强的技术关联,即两种产业之间具有共同或互补的知识基础,并且共享相同的科学或工程原理。[4-6]因此,企业通过本地知识共享和转移更容易进入基于相似资源或能力并具有技术相关性的行业。总之,产业分叉理论从认知邻近和知识溢出的视角出发,认为新产业的形成并非无中生有,而是扎根于该地区的历史或现有的产业结构,通过重组当地技术相关活动而产生的。

　　然而,按照上述"内生型技术主义"的产业分叉理论,欠发达地区只能受限于落后的生产技术和单一的产业结构,锁定在旧有的产业发展路径上而无法创造出新的产业发展路径。因而,演化经济地理学开始关注区域如何依靠外部力量突破原有产业的路径依赖或锁定,实现新兴产业的培育与发展。这种外部力量包括世界性或国家层面的技术革新、经济危机,以及政府刺激性发展政策和战略性产业布局等。产业移植(或路径植入)学说认为,通过区域内部的核心与边缘地区、区域间的发达与次发达地区的互动和联系,边缘地区和欠发达地区可以从外部移植全新的产业,突破原有低端产业的路径锁定。[7-8]例如,20世纪90年代末,韩国引进美国半导体头部企业英特尔,并与荷兰的ASML(半导体制造设备公司)和KLA-Tencor(半导体检测和测量技术公司)等合作,借助外部的技术转移和外商投资,实现知识传递、技术植入和国际合作以启动本国的半导体产业,为次发达地区发展高端高新产业提供了重要借鉴。

　　近年来,学界越来越关注内生和外生力量的耦合在区域新产业发展过程中的重要作用。全球市场需求、外商投资、技术转移和政策支持等外生力量,与区域内部的资源、知识和创新能力共同影响着新产业的形成和演化。例如,Dawley拓展了路径突破的概念框架,将其与更广泛的行动主体和多尺度的制度背景相联系,在演化经济地理学传统的内生性基础上强调了国家和公共政策的多重作用。[9-10]刘志高等在解释中国产业分叉过程中，不仅关注外商投资和跨国公司等外部力量，同时也关注全球生产网络与地方产业集群的耦合作用。不同地区拥有迥异的资源禀赋、产业结构和社会文化环境，因此，新产业的形成和发展依赖于不同模式的内外生力量的耦合。

总之，对欠发达地区来说，较弱的内生突破能力需要外生力量的补充和刺激，但新产业的产生和发展也不能完全依赖外部力量，如跨国公司的投资、政府的政策干预或者颠覆性的技术革新等。这些外部刺激虽然能够为地区带来发展机遇，但它们也具有一定的时效性和不确定性，不足以长期支撑地区的经济竞争力和可持续发展。所以，基于内外生力量耦合的发展模式应该是欠发达地区发展新产业的重要路径。对雄安新区来讲，高端高新产业的发展必然是内外生力量耦合的演化过程。首先需要外部力量的刺激和植入，特别是全球创新资源的导入，触动高新产业发展的引擎；然后抓住外部机遇着力培育内生创新能力，包括本地企业的创新能力、高等院校和研究机构的研发活动、劳动力的技能提升以及本地资源的合理配置等。随着新产业的发展和演化，内生动力不断加强，最终减轻对外部力量的依赖，实现内生和外生力量的耦合发展与良性互动。

二、高端高新产业发展的核心特征、关键因素和前提条件

《河北雄安新区总体规划（2018—2035年）》明确提出，雄安新区重点发展新一代信息技术产业、现代生命科学和生物技术产业、新材料产业、高端现代服务业和绿色生态农业五大高端高新产业。"高端高新产业"通常是指在高新产业中处于领先地位且具有高度创新性和竞争力的产业，更加强调产品和服务的高附加值和高质量以及更高的市场地位。为此，深刻洞察其核心特征、关键因素和前提条件，将有助于厘清雄安新区发

展高端高新产业的路径和渠道。

（一）高端高新产业的核心特征

1.知识和技术的高度密集

高端高新产业追求先进的研发活动,创造高附加值的产品和服务,这些主要依赖于科学家、工程师和研究人员的创新和创造活动,以推动技术的不断进步。

2.风险资本的大量投入

不同于传统产业部门,高端高新产业以高资本投入著称,一项技术成果要最终转化为产品投放市场,不仅需要投入产品的生产成本和市场推广费用,还需要在前期投入巨额的研发和试验费用。例如,根据OpenAI的数据,GPT-3的训练过程仅CPU和显卡等方面的计算资源的成本就高达320万美元。此外,任何一项高新技术的研发成败都是无法预测的,资本投入可能远高于最初的预算。

3.产业发展的正向外部性

知识和技术高度密集的高端高新产业与其他产业存在广泛的关联性,这意味着高端高新产业一旦实现技术上的突破,其商业化和应用将直接推动相关产业在多个领域的进步与繁荣,也会对整个社会的思维方式、观念意识和消费习惯产生潜移默化的影响,从而衍生出新理论、新行业和新消费等。

4.产业发展的高成长性

高端高新产业在生产效率、创新速度和市场竞争等方面均非常优异,可以实现产业发展的持续增长。它们通常采用最新的生产技术和高效的生产流程,从而能够更快速地制造产品和提供服务;通过引入新概念、新材料和新技术,迅速适应不断变化的市场需求;凭借高附加值的产品和服务占据更大的市场份额,以及吸引更多的外部投资。

(二)区域发展高端高新产业的关键因素

基于高端高新产业的核心特征,区域发展高端高新产业必须具备以下关键因素。

1.技术创新能力

技术创新的来源可以是本地的科研机构、高等院校和企业研发部门,以及外部的跨国公司和海外科技人才等。[11-13]高端高新产业通过打造开放式技术创新体系,共同推动技术创新的发展和应用。

2.融资渠道

高端高新产业的发展需要大量的创新投入,这也意味着需要多样化的融资渠道,如私人借款、银行贷款、政府资助和股票上市等。在一定意义上说,没有高效率的、覆盖高端高新技术企业运作全过程的金融支持,就不可能有高端高新产业的快速健康发展。

3.政府支持

对创新能力较低的地区而言,高端高新产业在技术创新、财政资助、风险管理、基础环境、人才引进和市场准入等方面更需要地方政府的引导和支持。

(三)区域发展高端高新产业的前提条件

1.具备较为成熟的区域创新生态系统

区域创新生态系统,是指在一定地理空间范围内,不同创新物种、种群和群落基于共同价值主张,通过与创新环境之间的物质、知识和信息交换,实现价值共创的具有共生竞合、动态演化特征的自组织系统。[14]企业、研究机构、政府部门、风险投资机构和社会组织等在区域内共同合作,有助于整合各种资源和利益相关者,加快创新速度,提高生产效率,从而促进高端高新产业的高质量发展。例如,企业与研究机构、高等院校或其他相关企业合作,共同开发新技术和解决行业挑战;风险投资机构和金融机构提供资金支持,降低高风险领域的创新投资风险;高等院校、研究机构和企业合作培养人才,创造就业机会并为创新提供后备人才;地方政府通过产业政策、税收激励、基础设施建设等支持高端高新产业的发展。

2.抓住看似"偶然"的区位机会窗口

区位机会窗口是特定地理区域在一段时间内所具备的有利条件,有助于吸引投资、促进发展或推动特定产业或经济活动的兴起,通常与地理位置、时机、资源和基础设施、政策环境及竞争环境等有关。尽管部分学者认为新兴产业的产生是不确定、不可预测的,但是抓住"偶然"机会事件(如全球经济趋势、技术突破、国际市场需求等)的企业或地区通常能够取得竞争优势,成功发展高端高新产业。这样的企业或地区需要具备灵活性和创新性,能迅速调整投资战略和优化资源配置,以适应"偶然"的机会和挑战。对地区而言,强大的创新生态系统、多样化的产业结构、灵活的政策、丰富的创业文化、积极的区域合作关系和杰出的创新领袖等都可以增加其抓住"偶然"机会窗口的可能性。例如,福建宁德抓住新能源汽车产业爆发式增长的机遇,成为世界最大的聚合物锂离子电池生产基地。这一成就有赖于当地政府十多年前实施的"返乡创业回归工程"、对整个上下游产业链的谋篇布局,以及宁德时代对动力电池的市场判断、技术研发及与宝马公司的合作等。因此,区域新兴产业的发展需要在有所准备的基础上抓住看似"偶然"的区位窗口机会。

3.把握"产业—制度"共同演化的关系

制度和产业的共同演化是新兴产业良性发展的重要保障。优良的制度能够通过提高获取外部资源的效率、激发创新创业的活力以及维护政企关系的稳定等促进高端高新产业的蓬勃发展;产业变革也会推动制度创新,确保在快速变化中实现持续繁荣。在提高获取外部资源的效率方面,公平和安全的制度能够提升跨国投资的信心,增加国内外企业合作的机会;在激活创新创业的活力方面,鼓励性和支持性制度通过提供财政帮扶、创新补贴和市场合作等方式促进新兴产业的培育；在维护政企关系方面，监督性和服务性制度通过保护政府和企业之间、企业和企业之间的契约关系，营造良好的招商环境。[15-16]高成长性的高端高新产业也会因为技术创新、投融资环境、市场竞争和知识产权等方面的需要，倒逼现行制度通过创新的形式加速政府职能的转变，不断吸引该产业所需的发展资源及推动各类高端要素自由便捷流动。反过来，如果制度创新不能满足产业发展的需要，那么高端高新产业的发展必然受限。

三、雄安新区发展高端高新产业的优劣势分析

（一）雄安新区发展高端高新产业的优势

1.具有一定的区位优势，拥有较为广阔的市场与腹地

在地理位置方面，雄安新区地处京津冀腹地，距离大兴机场55公里，是京津冀中部核心功能区。在交通区位方面，雄安新区依托"四纵三横"高速公路网和"四纵两横"高速铁路网快速融入"京津半小时""石家庄1小时"交通圈。已建成通车的京雄城际铁路，从雄安站出发，19分钟到达大兴机场站、50分钟到达北京西站；依托北京大兴机场接入国际、国内的航空网络；依托河北省曹妃甸港口打通与外界联系的海运通道。因此，雄安新区在接受京津等城市功能疏解和产业转移，以及发挥对周边地区辐射带动作用等方面具有较为优越的区位条件，能够为人力、物力等资源的跨区域配置提供稳定的空间运输保障，有利于与周边地区产业联动发展。此外，雄安新区的区位优势有利于增强其对各类智力资源的吸引力，并且使得入驻的高新技术企业更容易进入国内和国际市场，有利于抓住发展的机会窗口。

2.具有独特的政策优势，保障新兴产业的发展

设立雄安新区，是以习近平同志为核心的党中央为深入推进京津冀

协同发展作出的重大决策部署,是千年大计、国家大事。为此,国务院出台了《关于支持高标准高质量建设雄安新区若干政策措施的意见》等一揽子特殊支持政策;中央各部委围绕落实《中共中央　国务院关于支持河北雄安新区全面深化改革和扩大开放的指导意见》制定了一系列配套实施方案,形成雄安"1+N"政策体系;河北举全省之力支持雄安新区建设发展,确保雄安新区的创新创业环境和居住生活环境。因此,无论是中央政府还是地方政府,都高度重视雄安新区的发展,政策聚焦和资源保障为新区发展提供了强有力的政治保障。例如,雄安新区从成立到获批建设自贸区,仅花了两年时间,区域内外的交通条件也在短期内发生了翻天覆地的变化。同时,这种"聚焦雄安"的政治信号也会刺激国内外大型企业加大对雄安新区的投资,进一步鼓舞更多具备企业家精神的人才投身高端高新技术领域的创新创业。

2017年2月,习近平总书记在河北雄安新区规划建设工作座谈会上指出:"雄安新区现在还是一张白纸。受到各方面利益牵绊较少,要发扬改革创新精神,建立体制机制新高地。"[17]这意味着,雄安新区是一块制度创新的试验田,可以通过简化行政程序、降低市场准入门槛、保护知识产权,优化商业环境和鼓励创新创业;还能够通过设立各类惠企政策平台和创新创业基金,为进入新兴产业的企业提供更多的资源和机会。更重要的是,雄安新区可以通过打破既有制度格局,突破现有"条块"关系,在更大的区域空间上优化配置政治经济资源,发挥作为"制度创新增长极"的辐射带动作用。这对激发后发优势、促进技术创新具有非常重要的意义。

总之,雄安新区在政治上有着高度的"制度创新"自主权,可以推动贸易、投资、产业、金融、营商环境等领域出台重大改革政策措施,以及建设具有前瞻性的创新试点示范项目,使其成为吸引国内外力量和资本参与、发展高端高新产业的未来之城。

（二）雄安新区发展高端高新产业的劣势

1.经济发展水平低，产业基础薄弱

2022年，雄安新区所辖三县的地区生产总值（GDP）为340.62亿元，规模以上工业企业总数为169家，分别占全省的0.80%和0.93%；雄安新区的人均GDP水平也比较低，雄县、安新县、容城县的人均GDP分别为22266元、19081元、44848元，低于河北省平均水平（56995元）和全国平均水平（85698元）。[①]在产业方面，雄安新区所辖三县以劳动密集型传统产业为主，如纸塑包装、压延制革、乳胶制品、电器电缆、服装、毛绒玩具、拉链、制鞋、有色金属回收再生、羽绒等。现有传统产业生产水平总体上较为落后，效益低、规模小、经营零散的产业特征明显，绝大多数企业仅从事生产制造，基本上没有研发投入，更无技术研发中心，处于研发能力薄弱、产品附加值低的"低端锁定"状态，无法为高端高新产业的发展提供足够的支撑与服务。因此，雄安新区暂不具备发展高端高新产业的内生能力和条件。

2.技术投入和创新能力不足，创新氛围不浓

根据河北省科学技术厅发布的《2021年科技创新评估报告》，雄安新区所辖三县的科技创新水平较低，与全省创新能力排名第一的石家庄市鹿泉区相比有较大差距（见表2-1）。另外，2021年雄安新区地方财政科技支出为759万元，低于全省平均水平；每万人有效发明专利拥有量仅为3.42件，不足鹿泉区的一半。在研发主体方面，新区省级以上研发平台仅有9个，技术研发水平不高。因此，从科技创新氛围和区域创新能力来看，雄安新区的科技投入、创新产出均处于较低水平，与高端高新产业发展目标差距较大。

[①] 数据来自《中国县域统计年鉴》（2023）、《河北统计年鉴》（2023）和《中华人民共和国2022年国民经济和社会发展统计公报》。

表2-1　2021年雄安新区科技创新指标评估

地区	地方财政科技支出(万元)	高新技术企业(个)	省级以上研发平台(个)	每万人有效发明专利拥有量(件)
雄县	273	94	4	1.13
安新县	4	14	1	0.64
容城县	482	17	4	1.65
三县总计	759	125	9	3.42
石家庄鹿泉区	10264	228	89	8.41
省内平均水平	2800.87	41.83	——	——

3.城市功能配套不完善,难以支撑高端高新产业发展

高端高新产业的发展高度依赖高素质的人才队伍,而高端创新型人才具有较高的空间流动性。舒适的气候条件和完善的城市功能配套是吸引和留住高新技术人才的关键因素。目前,雄安新区虽然在基础建设方面取得了飞跃式进展,但在城市功能配套方面尚不完善。比如,教育、医疗等方面的资源与北京差距明显,生产性服务业、生活性服务业发展滞后,在相当程度上降低了雄安新区对人才的吸引力,不利于高端高新产业的发展。

4.地方制度创新能力不足,依赖传统的行政管治模式

尽管雄安新区吸纳集聚了一批具有前瞻性的领导干部,但仍有部分官员习惯于依赖中央政府指导和行政命令,缺乏目标性和行动力,可能使得创新性和挑战性的工作遭遇阻碍。因此,除了完成上级规定的任务,即积极承接北京的产业疏解任务,对于如何发展高端高新产业,突破区域产业的低端锁定等创新性任务的主动作为不够,这种"等靠要"的依赖思想不利于高端高新企业的发展和成长。

四、雄安新区发展高端高新产业的对策建议

（一）无中生有：汲取全球创新资源要素，拓展创新主体与渠道

如前所述，一方面，当前雄安新区缺乏构成创新生态系统的主体和氛围，具体表现为高等院校和科研机构缺位、原生性产业主体创新能力不足、输入性产业主体尚未发挥作用。另一方面，为确保承接非首都功能疏解的空间，雄安新区严格控制京外来源的企业，现有人才政策严格限制北京以外的人才来雄安新区创新创业。在起步阶段，为承接非首都功能疏解提供更大的空间是必要的，但仅靠疏解到新区的高等院校、科研机构和大型央企，恐怕难以满足雄安新区的城市功能培育和创新发展目标。多样化的主体和多渠道的知识来源是创新产生的重要前提，对于欠发达地区来说，需要从外部引入新的技术和组织形式作为创新发展的引擎，逐步激发和形成区域发展的内生能力。因此，雄安新区既要承接北京非首都功能疏解，又不能完全依靠来自北京的高等院校、科研机构和大型央企来建设创新生态系统，而是需要考虑从全国乃至全球范围引进一些符合新区规划定位的创新主体和创新要素资源，尽快形成适合高端高新产业发展的创新生态和创新氛围。

（二）知识管理：构建知识与技术清单，激发创新和布局产业链

当前，雄安新区颁布了产业准入清单（包括产业准入的正面清单和负面清单，以及承接首都产业的清单），但是并没有建立关于知识积累和技术经验方面的清单。根据产业分叉理论，本地出现的新产业往往从技术上相近或者相邻的现有产业分化而来，二者存在较强的技术关联。因此，雄安新区有必要依据产业招商成果和本地已有产业进行产品、专利、

管理模式和生产技术等方面的知识管理。首先,通过前期的产业疏解,雄安新区已经入驻了一批相关企业,据统计已有219家高新技术企业、132家国家级科技创新中小型企业和65家省级"专精特新"企业等[18],可以围绕这些企业初步构建产品、技术和管理的知识库。其次,根据高端高新产业的上下游关系,将知识库从本地延伸至全国乃至全球的相关行业、企业和专家等。最后,充分运用知识与技术清单,在关联与重组中实现高端高新产业的技术突破以及本地产业的转型升级。这种对区域智力资源的知识管理,不仅有利于引导区域内外企业、专家和相关机构的合作创新,也有利于实现高端高新产业链的上下游本地化,创造更加繁荣和可持续的区域经济生态系统。

(三)循序渐进:集中培育若干迷你产业集群,形成区域创新发展引擎

目前,雄安新区产业基础薄弱,创新能力不足,再加上全球政治经济的不确定性带来的经济压力,在短时间内恐难以有效地支持《河北雄安新区总体规划(2018—2025年)》提及的五个高端高新产业。在此背景下,雄安新区需要在研判国际国内高端高新产业发展趋势的基础上,考虑可能通过各种渠道获取的知识和技术,以及这些关键创新资源的培育和迁入成本、科技成果转化率等情况,分别比较五大高端高新产业在雄安的发展潜力,先集中力量选择一两个高端高新产业进行培育和发展,尽快在这些产业赛道形成几个迷你产业集群,即数个由龙头企业、中小企业、行业协会、大学和研究机构等核心成员构成的小型核心产业生态系统,获取集群发展的"生态系统效应"和"滚雪球效应"。随着这些新产业的发展和演化,在雄安新区具备一定的创新能力和基础后,再逐步发展其他高端高新产业。

（四）产业互补：精准施策本地传统中小企业，支撑高端高新产业发展

高端高新产业发展和高端人才汇聚必然衍生出多样化的、不同层次的市场需求，包括生活性服务业配套支撑的需求。因此，雄安新区不仅要重视高端现代化服务业发展，也应重视基础性生活性服务业市场主体的培育再造。三县原有的中小微市场主体，应该与疏解到新区的企业、事业单位和高端高新产业形成有效互补和相互支持。首先，可通过政策引导和培育，使原有的不符合新区规划定位的市场主体转向生产性服务业或生活性服务业领域，填补雄安新区在信息服务、高技术服务、现代物流、住宿餐饮、健康服务等城市功能领域的短板。其次，围绕高端高新企业的上下游产业联系，培育一批具有专业化、柔性化生产技能以及快速市场反应的弹性专精的中小微市场主体，在产业联系、技术能力、知识扩散、信息传递等方面与大型企业形成良好的互补和支撑，形成各类市场主体共依共存、协调发展的产业结构和市场环境，支撑高端高新产业的持续发展。

（五）制度创新：发挥地方政府的积极主动性，精准平衡政府与市场的关系

在雄安新区创立和发展的初期阶段，中央政府行政力量居于主导地位，起到了先行引导作用，为雄安新区发展打下了坚实的基础。进入新发展阶段后，地方政府能力不足、市场力量缺位制约了雄安新区高端高新产业的发展。特别是到转型阶段后，众多创新型市场化主体和机构不能完全依靠行政手段疏解，高端高新产业的产生和发展既要尊重市场和客观经济规律，又离不开政府的有效宏观引导，需要精准平衡好行政手段和市场逻辑。目前，雄安新区政府较为依靠中央政府的政策支持，缺乏立足本地资源和要素优势创造性地发展本地产业的能力。新区政府

应在尊重客观经济规律的基础上,充分发挥积极主动性和创造性,制定创新产业政策,精准识别、吸引、引导全球性的创新资源汇聚雄安,为雄安新区高端高新产业的发展提供制度保障。

参考文献

[1]刘志高,张薇.演化经济地理学视角下的产业结构演替与分叉研究评述[J].经济地理,2016(12):218-223,232.

[2]林毅夫.新结构经济学:反思经济发展与政策的理论框架[M].北京:北京大学出版社,2014.

[3]贺灿飞,李伟.区域高质量发展:演化经济地理学视角[J].区域经济评论,2022(2):33-42.

[4]Neffke F,Henning M.Skill relatedness and firm diversification[J]. Strategic Management Journal,2013(3):297-316.

[5]Boschma R,Minondo A,Navarro M.The emergence of new industries at the regional level in Spain:a proximity approach based on product relatedness[J].Economic Geography,2013(1):29-51.

[6]刘志高,张薇.中国大都市区高新技术产业分叉过程及动力机制——以武汉生物产业为例[J].地理研究,2018(7):1349-1363.

[7]Grillitsch M,Asheim B,Trippl M.Unrelated knowledge combinations: The unexplored potential for regional industrial path development [J].Cambridge Journal of Regions,Economy and Society,2018(2): 257-274.

[8]Isaksen A,Martin R,Trippl M.New avenues for regional innovation systems-theoretical advances,empirical cases and policy lessons [M].Gewerbestrasse:Springer,2018.

[9]Dawley S.Creating new paths? Offshore wind,policy activism,and

peripheral region development[J]. Economic Geography,2014(1):91-112.

[10]Hassink R,Isaksen A,Trippl M. Towards a comprehensive understanding of new regional industrial path development[J]. Regional Studies, 2019(11):1636-1645.

[11]Zhou Y. The making of an innovative region from a centrally planned economy:Institutional evolution in Zhongguancun Science Park in Beijing[J]. Environment and Planning A,2005(6):1113-1134.

[12]Wang J,Wang J. An analysis of new-tech agglomeration in Beijing: A new industrial district in the making?[J]. Environment and Planning A,1998(4):681-701.

[13]刘卫东,Dicken P,杨伟聪. 信息技术对企业空间组织的影响——以诺基亚北京星网工业园为例[J]. 地理研究,2004(6):833-844.

[14]Rong K,Lin Y,Yu J et al. Exploring regional innovation ecosystems: An empirical study in China[J]. Industry and Innovation,2021(5):545-569.

[15]周黎安. 中国地方官员的晋升锦标赛模式研究[J]. 经济研究,2007(7):36-50.

[16]江远山,郝宇青. 政企关系、地方性共生与中国的经济奇迹[J]. 华东师范大学学报(哲学社会科学版),2018(1):117-127,180.

[17]千年大计 精彩开局 习近平这样推进建设雄安[EB/OL]. (2019-02-23)[2024-05-09]. http://politics. people. com. cn/n1/2019/0223/c1001-30898125. html.

[18]雄安新区:打造全球创新高地——培"创新沃土"发"产业新枝"[EB/OL]. (2023-12-03)[2024-05-09]. http://www. xiongan. gov. cn/2023-12/03/c_1212309230. htm.

第三章　标杆引领

—— 雄安综合保税区与高端高新产业发展

陆　菁　耿若璇[*]

综合保税区是我国目前开放层次最高、政策最优、功能最全、运作最为灵活、通关最为便捷的海关特殊监管区域,是开放型经济的重要平台,对发展对外贸易、吸引外商投资、促进产业转型升级发挥着重要作用。2017年4月,党中央及国务院决定设立国家级雄安新区;2023年6月,雄安综合保税区正式获批。雄安新区自设立以来,为疏解北京非首都功能、实现经济高质量发展作出了诸多贡献。雄安综合保税区的设立使得企业可依托综合保税区政策优势与京津冀经济比较优势,吸引优质外资与创新型企业入区,借助区内总部和龙头企业带动所在地区产业结构优化升级、延伸产业链、形成产业集聚发展竞争优势,推动雄安新区经济高水平高质量发展。

* 作者简介:陆菁,浙江大学经济学院教授,国际经济与贸易系主任,博士生导师,主要从事国际经济学理论与政策研究。耿若璇,浙江大学经济学院博士研究生。本文为教育部哲学社科研究重大课题攻关项目"中国特色自由贸易港建设理论与方法研究"(20JZD016)、研究阐释党的十九届四中全会精神国家社科基金重点项目"加快中国特色自由贸易港建设的制度创新及风险防控体系研究"(20AZD051)的阶段性研究成果。

一、雄安综合保税区高质量发展的现实基础

(一)雄安综合保税区发展现状

1.雄安综合保税区相关政策

2017年4月1日,中共中央、国务院决定设立河北雄安新区,规划范围包括河北省雄县、容城、安新三县及附近部分区域。河北雄安新区的设立,是以习近平同志为核心的党中央为深入推进京津冀协同发展作出的一项重大战略安排,是疏解北京非首都功能的历史性工程。自2019年国务院颁布《中国(河北)自由贸易试验区总体方案》确定在雄安片区建设综合保税区,到2021年9月项目正式启动建设,雄安综合保税区逐步完善。如今,该项目的基础建设已经完成。雄安新区在中国(河北)自由贸易试验区雄安片区(以下简称雄安自贸试验区)内设立综合保税区,通过入区退税、进口保税等税收优惠政策,降低企业制度性交易成本,助力企业"买卖全球"。

目前,河北省委、河北省人民政府、雄安自贸试验区管委会等部门发布了一系列建设雄安综合保税区的综合性政策安排,如《河北雄安新区规划纲要》《中国(雄安新区)跨境电子商务综合试验区建设实施方案》《支持中国(河北)自由贸易试验区创新发展的若干措施》等,助推"四区"(雄安新区、自贸试验区、跨境电商综合试验区及综合保税区)优势叠加。

2.雄安综合保税区发展概况

综合保税区的建设是推动贸易转型升级、提升贸易便利化的重要途径。2023年6月,国务院批复设立雄安综合保税区,规划位置在雄县朱各庄镇东侧,位于中国(河北)自由贸易试验区雄安片区内,其中一期规划设置包括海关配套功能区、查验监管区、检疫处理区、保税物流区、跨境电商功能区、保税检测及维修区、综合产业区等七大功能区。目前一期封关验收完成,已基本建成综合办公楼、查验监管库、检疫处理用房以及

部分保税仓库。2023年10月8日,雄安综合保税区二期项目完成土地划拨,为进一步扩大高水平对外开放打好了基础。下一步,雄安综合保税区将着力推进研发设计、跨境电商、融资租赁、进口分销、高端制造等外向型产业。

截至2023年9月,雄安新区设立央企机构64家,集聚高端高新企业573家,其中雄安自贸试验区已招引储备企业22家,并与28家企业达成入区意向。[1]据雄安自贸试验区管委会发布的有关数据,2023年1—7月,雄安新区跨境电商进出口额约4.76亿元,同比增长超4倍。[2]同时,雄安自贸试验区开创五项制度创新案例,综合管廊制度体系、数字化集成化政务服务、区块链政银企对接平台将在全省复制推广。

(二)建设的优势

雄安综合保税区位于中国(河北)自由贸易试验区内,位于京津保腹地,肩负着制度创新重任,为京津冀协同发展及高标准高质量建设雄安新区提供重要支撑。雄安综合保税区作为雄安新区的重要组成部分,在国家战略中具有重要的地位和使命。雄安综合保税区凭借其地理优势及政策优势为雄安新区打造对外开放的门户和新型国际贸易中心,吸引国际投资和促进国内外贸易便利化,推动高端高新产业发展提供政策支持。

1.地理优势

雄安新区位于京津冀三地交界处,连接北京、天津、河北三个经济圈,周围设有"四纵三横"高速公路网、"四纵两横"高速铁路交通网,邻近北京、天津和石家庄三地机场;雄安综合保税区北侧建有省道S042,南侧建有国道G336,地理区位优越,交通便利,具有交通枢纽的作用。雄安综合保税区的建设将进一步加强雄安新区与周边地区的联系,形成区域一体化的经济发展模式,为高端高新产业发展提供便利。

2.政策优势

由于设在自贸试验区内,雄安综合保税区具有"雄安新区+自贸试验区+跨境电商综试区+综合保税区"四区叠加的政策优势,从功能结构来看,一方面,雄安综合保税区完善了雄安片区的保税功能,弥补了雄安自贸试验区保税功能短板,扩展了保税物流,发挥了交通枢纽潜能,以保税功能服务自贸功能。后期将继续探索京津冀三地在监管协同、数字政务、认证数据共享互认、跨境贸易协同发展等领域的政策突破与制度创新,推进京津冀三地营商环境一体化发展。另一方面,雄安新区发展能力提升,有助于在原有的跨境电商综试区政策基础上向保税跨境电商模式("1210")拓展,实现跨境电子商务全面发展,培育贸易新业态新模式。多区政策叠加的发展模式还将对所在地区及更大范围形成效应外溢,促进与区外形成产业协同发展合力,从而有效推动京津冀协同发展。

(三)雄安新区发展综合保税区的短板

1.基础设施建设不完善

雄安新区正处于基础设施建设阶段,城市功能还不够完善,入驻企业相对较少。由于河北的历史定位是服务京津、对接京津,促进三地创新、产业、服务、交通、环保、政策协同发展,自身发展相对滞后,商业较不活跃,水资源匮乏,金融服务水平有待提升,造成雄安经济不发达。同时,目前雄安新区生活配套还不完善,教育、医疗、文化、购物、餐饮等方面的配套设施尚不健全,公共服务供给质量不高;科研环境、网络信息服务缺乏,社会福利和社会保障水平及保障体系不够完善,这将制约雄安新区数字服务业的发展。雄安综合保税区目前入驻企业相对较少,存在产业布局和发展不完备、科技创新能力相对薄弱等问题。综合保税区应当成为科技创新的重要区域,吸引高新技术企业入驻并提供创新支持。因此,需要加大科技投入和支持力度,建立创新生态系统,培育创新型企业,推动高端高新产业发展。

2.高端人才供给不足

目前,雄安新区高端金融、房地产、信息服务、科技咨询等从业人员比例较低,高端人才供给不足,新兴服务业发展滞后。虽然雄安新区内三县在传统产业上具备产业规模和竞争优势,以服装箱包业为例,作为劳动密集型产业,其产业特征与当地劳动技能和人力资本结构相匹配,但从雄安新区的战略定位来看,薄弱的人才基础难以支撑雄安新区高端高新产业的发展。行业领军型科学家、企业家以及高素质工程技术人才、经济管理人才是区域的创新主体,在创新系统中承担着重要的推动作用,人才供给结构性不足将严重制约现代服务业的发展。推动数字自贸区高质量发展,迫切需要培养一批高水平、专业化数贸人才,数字人才队伍建设将为雄安综合保税区的发展提供强大的驱动力。目前,专业人员、跨界人才和复合型人才短缺,科研力量不足是雄安综合保税区数字化建设中所面临的主要问题,下一步仍然需要在引进、培养和留住人才方面加大力度,探索人才培养新模式,构建数字经济国际合作网络,提升人才吸引力和竞争力。

二、综合保税区建设的经验借鉴

2022年,我国综合保税区出口额排名前五的为成都高新综合保税区、郑州新郑综合保税区、江苏昆山综合保税区、重庆西永综合保税区、上海松江综合保税区。其中,郑州新郑综合保税区主要与空港结合进行跨境进口,然而跨境进口替代性强,需要有相关产业作为支撑,2022年河南跨境进口排名位于前十之外,因此雄安综合保税区无法将跨境进口作为主要经营方式。除此之外,江苏昆山综合保税区主要以台资支撑高新技术产业,重庆西永综合保税区主要以西南为制造中心发展制造业。各个综合保税区各具发展优势,为雄安综合保税区的发展提供了经验借鉴。

（一）综合保税区建设的经验做法

1.数字经济建设

数字技术的飞速发展,推动各大综合保税区积极寻求数字化转型,各保税区纷纷推出"数智综合保税区"项目,有效提升了自身的通关效率。例如,成都高新综合保税区从三个维度积极建设"数智综合保税区",包括业务支撑平台、关务网络化协同中心和关务智能监管中心,同时将多个功能模块引入其中,如"同企跨片""一般纳税人试点"等。江苏昆山综合保税区深度融合智慧城市、数字政府及智慧海关的治理模式,一系列数字化应用加持,使得进出口货物监管变得透明快捷,出关效率不断提高。郑州新郑综合保税区提出由自主备案、自定核销周期、自主核报、自主补交税款及简化业务核准手续构成的"四自一简"管理模式,这一模式的推出将对区内企业实施全覆盖,能有效降低企业的时间成本。郑州新郑综合保税区是国内首个开发工单核销系统的园区,这一系统的开发不仅提高了加工贸易审核效率,而且提升了监管精度,有效解决了监管流程复杂、智慧化建设不足的问题,使得监管审核更严密、高效。

2.高端高新产业集聚

高端高新产业的集聚,不仅能促进高端制造企业吸引创新要素,优化产业结构升级,还有助于经济高质量发展。例如,成都高新综合保税区发挥自身比较优势,紧跟政策导向,着力推进计算机智能制造、精密机械加工、晶圆制造及芯片封装测试生物医药产业发展。目前成都高新综合保税区已吸引众多世界五百强企业及跨国公司入区发展,包括英特尔、莫仕、富士康、戴尔、德州仪器等,双流园区也成功引进多家代工企业,包括仁宝、纬创等,两个园区引进外资总额高达35亿美元。成都IT产业集群的建设,对省内加工贸易转型升级有重要推动作用,同时对四川省出口贸易高质量发展有重要意义。

（二）综合保税区的建设重点

接下来,雄安综合保税区将从产业遴选、检验检疫、保税物流、保税加工、空港海港几个角度出发,推动雄安新区多个功能区协同发展,发挥政策优势,为助力京津冀发展提供政策支持。

1.数字技术赋能,内外兼修并举

数字经济如火如荼,数字技术已然成为驱动经济高质量发展的重要动力。随着人工智能、云计算等新兴技术的不断发展与进步,其催生的海量数据同数字服务需求相匹配,大大缩短了客户与供应商之间的距离。应用大数据、物联网、云计算等高新技术,有利于打通海关体系内的税务、监管、审核壁垒,提高通关效率,降低企业成本。不仅要在内部提升通关效率,还要在外部促进综合保税区高水平开放,制度体系优化、优惠政策推进同步并举,助力内外兼修发展。

2.优化产业布局,助力产业发展

引领高端高新产业,形成产业链群,助力当地产业结构优化升级,进而转换新旧动能,促进经济高质量发展。芯片产业是一个庞大的资金密集型、知识密集型、人才密集型生态体系,涉及材料、制造、封测等多个环节,深刻影响着信息产业的发展。区域产业结构优化升级离不开信息技术服务产业集群及集成电路产业集群建设,这就需要大力推进集成电路产业和软件产业集聚发展。聚焦并在综合保税区内合理谋划布局半导体、芯片等高端高新产业,先自下而上再自上而下打通该产业链的堵点、痛点、断点,逐步升级产业链地位,实现弯道超车。

三、雄安新区发展综合保税区的政策建议

雄安综合保税区的发展对推动京津冀协同发展,推动区域高端高新产业发展具有重要意义。政策的制定和实施需要综合考虑区域特点、环境保护、社会稳定等因素,确保政策的可行性和可持续发展。同时,政府

应加强监管和服务，建立健全法律法规体系，促进综合保税区的有序发展。

（一）增强招商引资效能

雄安综合保税区自成立以来，入驻企业仅22家，规模相对较小。对此，要坚持"市场化、开放式"理念，加强与多区域交流合作，如京津冀、长三角、珠三角等，根据新区产业定位，推进相关产业引入，扩大市场影响力，优先引导跨境电商、现代物流、技术研发、金融服务等产业的优质企业入驻，着力推进优质要素产业集群发展。在综合保税区内设立专门的招商部门，并为其配备专业化招商队伍；利用创新型招商方式，加大招商力度，重点吸引行业领军企业、世界排名靠前企业、大规模央企国企等，对主导产业方向与园区发展相契合、综合实力强、产业链条完整的先进制造业企业、外贸型综合服务企业提供政策优惠，以吸引企业入区发展；着力发展推动技术创新及产业转型升级的生产性服务业，如销售、物流、检测、维修、研发等。

（二）推进贸易便利化

在综合保税区内进一步推广应用便利政策，如"提前申报""两步申报"等。为简化企业进出园区管理流程，支持企业以月或季度为单位选择办理"分送集报"手续。与海关特殊监管区域和保税监管场所点对点流转，加快货物便捷流转，实现卡口无感化快速通关。进一步完善商品检验模式及流程，在检验模式上推进第三方检验；在检验流程上，对食品采取"抽样后即放行"、对动植物产品采取"先入区，后检测"等便利化措施。

鼓励在园区内优先发展疏解北京非首都功能项目，对这部分项目企业，除予以相关政策福利外，根据其落地发展状况，给予额外的补贴优惠。优化人才引进政策，针对符合园区发展重点的产业，鼓励相关人才在区内创新创业，并设立孵化平台、专项资金、产业基金予以支持。制定相关补贴政策吸引重点产业入区，对符合标准的新迁入企业给予落户奖励、购房补贴、研发创新补贴等资金支持。建立精准化全程跟踪服务制度,加强产业项目全生命周期服务,实施产业项目清单管理,对项目创建、招商引资、服务要素供给、项目落地实施等关键环节进行保障。全力保障产业项目规划用地,将土地指标向区内重点产业、重点项目倾斜。

(三)做优跨境电子商务特色品牌

借鉴河北省现有综合保税区成功发展经验,发展建立具有雄安新区特色的、具有比较优势的综合保税区,推动服务贸易和货物贸易并行发展。例如,石家庄综合保税区利用区位优势发展跨境电子商务集货中心,做大做强跨境电子商务1210业务,鼓励发展直播带货等新模式;秦皇岛综合保税区利用"线下展示、线上销售"相结合的跨境电子商务模式拓宽面向东北亚的跨境电子商务零售进口业务,以及面向欧美的跨境电子商务出口业务;曹妃甸综合保税区建设跨境贸易与数字经济相结合的特色跨境电子商务区,加快推进跨境电子商务中心仓项目建设,鼓励企业利用跨境电子商务扩大出口;廊坊综合保税区面向京津两地消费市场,建设功能完备、配套完善的跨境电子商务产业园,打造跨境电子商务华北分拨中心,支持北京大兴国际机场综合保税区开展跨境电子商务进口直邮分拣、出口集拼和展示销售等业务。

(四)服务贸易发展

充分发挥综合保税区保税政策优势,对重点项目采取"一事一议"方式予以资金支持。吸收海南自由贸易试验区在跨境服务贸易负面清单制定及实施中的经验,落实《跨境服务贸易特别管理措施(负面清单)》(2024年版)和《自由贸易试验区跨境服务贸易特别管理措施(负面清单)》(2024年版)中的相关政策安排,进一步扩大服务业开放领域和范围。结合雄安新区自身优势,借鉴国内综合保税区发展经验,因地制宜推动服务贸易创新发展。例如,河南自贸试验区开封片区依托河南自贸区国际艺术品保税仓,强化与港澳台地区艺术品联展、拍卖等合作,助力艺术品"文化出海"；陕西自贸试验区沪灞片区与境外医疗机构合作，提供远程会诊服务，推进中医药服务"走出去"。综上，雄安综合保税区应深入探索白洋淀等文旅商业聚集区科学布局保税商品展销中心等新业态，加强区内外联动，推动传统产业转型升级。

（五）积极打造雄安"数贸港"

积极打造集数据流、资金流和交易流于一体的雄安特色数字贸易港。加快数字基础设施建设，如5G、千兆光纤网络、IPv6、移动物联网、卫星通信网络等。依托国家数字经济创新发展试验区建设，打造国际互联网数据专用通道，为数字贸易发展提供快捷高效的网络支撑。探索搭建雄安数字贸易交易平台，为各类交易主体提供全流程服务，包括在线交易、金融保险、知识产权、涉外法律、政策申报等。积极吸引央企和在华跨国公司通过雄安数字贸易交易平台进行全球服务采购。打造数字贸易总部结算中心，推动和支持银行等金融机构在区内设立本外币离岸金融业务管理总部，吸引大型央企设立跨境资金运营管理中心。建设数字交易中心，在区内开展数据资金管理、交易、结算等业务。发展线上与线下相结合的数字贸易示范园区，制定相关发展政策，对园区内运营单位和重点企业按规定提供运营补贴、业务发展奖励等支持。引导园区积极设立国家数字服务出口基地，争创国家数字贸易先行示范区。

参考文献

[1]刘师豪，李雪晴.河北自贸试验区雄安片区：抢抓机遇　乘势而上[EB/OL].（2023-08-02）[2024-03-17].http://www.rmxiongan.com/n2/2023/0802/c383557-40516754.html.

[2]河北广播电视台冀时客户端.高质量发展调研行|雄安自贸试验区：先行先试　打造新时代改革开放高地[EB/OL].（2023-09-13）[2024-05-13].http://www.ftz.xiongan.gov.cn/front/article/show/1795.

附表 1　雄安综合保税区相关政策概览

时　间	政策文件	发布机构	关键词
2018 年 4 月	《河北雄安新区规划纲要》	河北省委、河北省人民政府	支持以雄安新区为核心设立中国（河北）自由贸易试验区，建设中外政府间合作项目（园区）和综合保税区，大幅度取消或降低外资准入限制，全面实行准入前国民待遇加负面清单管理模式，更好地以开放促改革、以开放促发展
2020 年 7 月	《中国（雄安新区）跨境电子商务综合试验区建设实施方案》	河北省人民政府	积极申报建设雄安综合保税区及全国跨境电子商务零售进口试点。推进"新区＋自贸试验区＋综合试验区＋综合保税区"四区联动，实现要素整合、资源共享、效应协同，推动开放型经济高质量发展
2021 年 1 月	《河北省推进对外贸易创新发展的若干措施》	河北省人民政府	（1）支持有条件的外贸基地申建保税物流中心、保税仓库，依托研究院所、大专院校、贸促机构、行业商协会、专业服务机构和龙头企业，搭建研发、检测、营销、信息、物流等公共服务平台 （2）推动综合保税区创新发展，积极争取设立雄安新区和黄骅港综合保税区
2021 年 2 月	《河北省国民经济和社会发展第十四个五年规划和二〇三五年远景目标纲要》	河北省人民政府	实施外贸综合实力提升工程，建设高水平开放高地，积极争取设立雄安综合保税区，扎实推进跨境电商综合试验区、服务贸易创新试点等建设，积极招引海内外一流智库，形成全球顶尖创意策源地

续表

时间	政策文件	发布机构	关键词
2021年7月	《河北雄安新区条例》	河北省人大	在中国（河北）自由贸易试验区（雄安片区）推进制度集成创新，开展首创性、差别化改革探索，积极推进雄安综合保税区建设，促进外向型优势产业发展
2021年11月	《关于服务承接非首都功能疏解 促进雄安新区融资租赁业高质量发展的若干意见》	河北雄安新区党工委管委会党政办公室	服务自贸试验区和综合保税区建设，开展跨境租赁。重点发展航空、船舶、高端设备等特色租赁业务，允许注册在雄安综合保税区内的融资租赁机构，按物流实际需要，开展进出口飞机、船舶等大型设备涉及跨关区的"保税流转+海关异地委托监管"
2021年11月	《支持中国（河北）自由贸易试验区创新发展的若干措施》	河北省商务厅	深化京津冀自贸试验区合作，推进区域协同创新。推动区域共管协同创新，支持大兴机场片区以跨省市设立的综合保税区为载体，探索建立京冀综合保税区共建共享新模式
2022年1月	《河北省对外开放"十四五"规划》	河北省人民政府	（1）加强港口与开发区、自贸试验区、综合保税区联动发展，拓展港口保税仓储、进出口贸易和物流信息处理等国际物流服务功能（2）推动外贸平台提档升级，支持雄安综合保税区建设，推动国家和省级外贸基地创新发展，支持有条件的外贸基地申建保税物流中心、保税仓库，搭建研发、设计、检测、营销、信息、物流等公共服务平台，培育一批竞争力强、特色优势突出、平台支持有力、出口超百亿的外贸基地，带动全省外贸转型升级

时间	政策文件	发布机构	关键词
2022年4月	《关于推动海关特殊监管区域与中国(河北)自由贸易试验区统筹发展若干措施的通知》	河北省商务厅、石家庄海关等八部门	(1)进一步优化综合保税区布局,加快推进雄安综合保税区申建进度,适时启动大兴机场综合保税区二期建设。对于片区内扩区理由充分、产业发展好、原范围内土地已基本开发利用完毕、符合节约集约用地的要求、土地集约利用程度在全国同类型或同区域开发区土地集约利用评价中排名前三分之二、确有需求的综合保税区,优先支持向国家有关部委申请扩区(2)做好片区内综合保税区基础和监管设施的建设、维护和升级改造等工作(3)支持片区内企业按照综合保税区维修产品目录开展保税维修业务;支持片区内综合保税区的企业按照扩大的全球维修产品目录开展保税维修业务,允许开展本集团国内自产产品的维修,不受维修产品目录限制。支持两类区域申建肉类、水果、粮食等海关指定监管场地,优先对自贸试验区内综合保税区申请开展论证评估

续表

时间	政策文件	发布机构	关键词
2022年9月	《关于促进中国（河北）自由贸易试验区雄安片区高质量发展的意见》	雄安自贸试验区管委会	推动雄安综合保税区服务与货物贸易并行发展；整合区内海关监管作业场所，提升进出口通关效率；加快政务及商业服务机构入驻，搭建数字服务平台，提供便捷高效的"一站式"政务服务；探索开展新能源电力直供电试点，提高新能源电力比重，建设绿色低碳综合保税区；采取"管委会+管理局+平台公司"的运营管理模式
2023年5月	《河北省加快建设开放强省行动方案（2023—2027年）》	河北省人民政府	（1）到2027年，经济开发区能级显著提升，自由贸易试验区改革创新取得重要进展，综合保税区建设步伐明显加快 （2）实施平台开放提升行动。以自贸试验区、经济开发区和综合保税区为载体，积极开展先行先试，提升开放能级水平。重点包括推动自由贸易试验区加大改革创新、推动经济开发区提升招商质量、推动综合保税区提升外贸功能三项任务

第四章　腾笼换鸟

——传统产业转型升级与产业创新生态营造

柳天恩*

产业转型升级是雄安新区高质量发展的实体内容和关键支撑。按照规划,雄安新区将重点发展五大高端高新产业,并对符合发展方向的传统产业实施现代化改造提升。雄安新区自批复设立以来,其传统产业转型升级取得明显成效,但也存在一些制约因素。推进雄安新区传统产业转型升级仍是当前阶段需要深入研究的课题。

一、雄安新区传统产业基础与转型升级进展

雄安新区在批复设立之初,就已形成纸塑包装、塑料管材、压延制革、电器电缆、乳胶制品、服装、毛绒玩具、制鞋、羽绒制品、有色金属等多个县域特色产业集群。[1]2017年4月1日批复设立之后,雄安新区坚持高起点规划、高标准建设、高门槛承接、高质量发展、高水平开放,产业转型升级的顶层设计基本完成,承接北京非首都功能初见成效,产业和创新要素聚集条件逐步完善,产业发展不断迈上新台阶。

(一)批复设立前的传统产业发展基础

总体来看,雄安新区批复设立之前,雄安三县的经济发展水平相对

---

* 作者简介:柳天恩,河北经贸大学发展战略与规划研究室、京津冀协同发展河北省协同创新中心副研究员,硕士生导师,主要研究方向为区域经济学。

较低,产业发展基础薄弱。2016年,雄县、容城、安新三县地区生产总值218.4亿元,占全省的0.7%;工业增加值115.5亿元,占全省的0.9%;全社会固定资产投资209.7亿元,占全省的0.7%;规模以上工业企业252家,占全省的1.7%;出口总额3.5亿美元,占全省的1.1%;当年实际利用外资额0.4亿美元,占全省的0.5%(见表4-1)。[①]

表4-1　2016年雄安新区三县主要经济指标　　（单位：亿元）

地　区	地区生产总值增加值	规上工业企业增加值	规上工业企业主营业务收入	第一产业增加值	第二产业增加值	第三产业增加值	产业结构
雄县	101.1	72.7	222.6	10.6	70.6	19.9	10.5:69.8:19.7
容城	59.4	16.8	40.6	9.8	33.4	16.2	16.5:56.2:27.3
安新	57.9	11.0	105.9	10.0	27.2	20.7	17.3:47.0:35.7
雄安新区	218.4	94.5	379.1	30.4	131.2	56.8	13.9:60.1:26.0

分地区来看,雄县的主导产业是纸塑包装、塑料管材、压延制革、电器电缆和乳胶制品(2017年雄安新区成立后原任丘市的七间房、鄚州镇、苟各庄由雄县托管,由此带来玻璃纤维行业)。2016年,雄县地区生产总值为101.1亿元,第一产业增加值为10.6亿元,第二产业增加值为70.6亿元,第三产业增加值为19.9亿元,规上工业企业增加值为72.7亿元,三次产业结构为10.5:69.8:19.7。[②]雄县是我国塑料包装产业基地,被中国塑料加工工业协会评定为"中国塑料包装产业基地",被中国包装协会评定为"中国软包装产业基地"。[2]

容城县的主导产业是服装、毛绒玩具、汽车灯具和食品加工等。2016年,容城地区生产总值为59.4亿元,第一产业增加值为9.8亿元,第二产业增加值为33.4亿元,第三产业增加值为16.2亿元,规上工业企业

---

① 数据来源:《河北经济年鉴》(2017)。

② 数据来源:《河北经济年鉴》(2017)。

增加值为16.8亿元,三次产业结构为16.5:56.2:27.3。①容城是我国"北方服装名城",被中国纺织业协会和中国服装协会授予"中国男装名城"称号,是"全国纺织产业集群试点",与浙江的义乌和诸暨并称为我国三大衬衫生产基地,是我国重要的服装生产加工与出口基地,产品涵盖西服、衬衫、夹克、休闲、棉服、运动、内衣、裤装等多个系列。

安新县的主导产业是制鞋、旅游、有色金属和羽绒制品。2016年,容城地区生产总值为57.9亿元,第一产业增加值为10.0亿元,第二产业增加值为27.2亿元,第三产业增加值为20.7亿元,规上工业企业增加值为11.0亿元,三次产业结构为17.3:47.0:35.7。②安新县是我国"北方鞋都",是华北地区最大的鞋业加工制造基地。安新县的制鞋业主要集中在三台镇,形成"南有晋江,北有三台"的制鞋产区格局。

(二)批复设立后的转型升级进展

自2017年4月正式批复设立以来,雄安新区始终把传统产业转型升级放在突出位置,通过顶层设计明确产业转型升级目标和发展路径,通过承接北京非首都功能疏解增强产业要素承载能力,通过治理"散乱污"企业推进产业绿色低碳转型,通过搬迁转移腾出产业发展空间,通过技术改造实现产业高端跃升,通过外引内培聚集高端高新产业,传统产业转型升级取得明显成效。

1.产业发展的顶层设计不断完善

雄安新区坚持高起点规划,在"1+4+26"③规划体系基础上,又编制完成覆盖雄县、容城、安新县城及寨里、昝岗五个外围组团,以及容东片区、

---

①　数据来源:《河北经济年鉴》(2017)。

②　数据来源:《河北经济年鉴》(2017)。

③　"1+4+26"中的"1"是指《河北雄安新区规划纲要》,"4"是指《河北雄安新区总体规划(2018-2035年)》《白洋淀生态环境治理和保护规划(2018-2035年)》《河北雄安新区起步区控制性规划》《河北雄安新区启动区控制性详细规划》四个综合性规划,"26"是指支撑新区总体和起步区层面的能源、交通、产业、市政等26个专项规划。

容西片区、雄东片区、雄安站枢纽片区等四个重点片区的控制性详细规划，形成规划体系"一主五辅"全覆盖。[3]上述规划明确了起步区、启动区、五个外围组团和四个重点片区的产业定位和产业空间布局。此外，具体到产业领域，雄安新区已经编制完成《河北雄安新区传统产业转型升级"十四五"规划》《雄安新区传统产业转移转型行动方案（2021—2023年）》《关于支持新区三县传统产业转型升级工作的指导意见》《关于促进传统产业转移转型升级的政策措施》《河北雄安新区支持企业创新发展若干措施》等规划政策体系。雄安新区的这些规划和政策体系为传统产业转型升级提供了方向指引和行动指南，为产业高质量发展提供了制度保障和政策支持。

2. 承接北京非首都功能初见成效

目前，雄安新区承接北京非首都功能疏解的政策体系日益完善。中央协同办印发实施了《有序推进北京非首都功能疏解近期工作方案》，教育部、卫健委、国资委等中央部委制定了关于高校、医院和企业总部的疏解方案，在中央层面形成"9+3"①疏解政策体系。雄安新区主动对接中央协同办和北京市政府，形成"1+3+10"②承接政策体系。截至2023年底，北京援建的"三校一院"③交钥匙项目已经开学、开诊，首批疏解的四所高校④和北京协和医院（国家医学中心）确定项目选址。四家央企总部⑤加

---

① "9+3"是指围绕中央预算内投资、教育、医疗卫生、社保、住房、医保、财税、金融、薪酬9个方面制定疏解激励政策，围绕户籍、市场准入、差异化价格3个方面制定疏解约束政策。

② "1+3+10"中的"1"是指承接北京非首都功能疏解实施方案，"3"是承接高校、医院、企业总部3个专项工作方案，"10"是指供地、住房、财税金融、人才薪酬、户籍保障、教育、医疗、社保、交通、科技创新等10个配套政策。

③ "三校一院"是指雄安北海幼儿园、雄安史家胡同小学、北京四中雄安校区和雄安宣武医院。

④ 首批疏解的四所高校是指北京交通大学、北京科技大学、北京林业大学、中国地质大学（北京），位于起步区第五组团北片（启动区外）。

⑤ 首批疏解的四家央企总部包括中国星网、中国中化、中国华能和中国矿产资源集团。其中，中国星网总部项目主体结构封顶，中国中化和中国华能总部项目加快建设，中国矿产资源集团总部项目选址落位。

快推进,中央企业在雄安新区设立各类机构超过150家,投资来源为北京的注册企业超过3000家。中关村科技园、清华大学智能实验室、核电创新中心、雄安高校协同创新联盟等创新资源汇聚雄安新区。

3.传统产业改造提升取得阶段性成效

雄安新区坚持先立后破、分类施策,通过关停取缔一批、转型升级一批、改造提升一批,推动传统产业转型升级取得显著成效。一是坚持生态优先、绿色发展,大力治理"散乱污"企业,通过制定环保、能耗、安全等综合标准,倒逼传统产业绿色化转型,对不符合综合标准要求的企业就地关停并转或改造提升,实现传统产业的污染制造环节全部清零,一批无效产能有序退出。二是开展优质企业梯次培育工作,建立新区科技企业—省创新型中小企业—新区级专精特新企业—省级专精特新企业—国家级专精特新"小巨人"企业五个档次的梯度培育模式,推进传统产业在转型中实现升级。以雄县为例,截至2023年底,共培育省创新型中小企业94家、新区级专精特新企业56家、省级专精特新企业36家、省级专精特新示范企业2家、国家级专精特新"小巨人"企业1家,国家级专精特新"小巨人"企业实现雄安新区零的突破。

4.传统产业转移升级模式初步形成

雄安新区采用"腾笼换鸟"和"根留雄安"的发展战略,构建"区内总部+区外制造基地"的产业协同发展模式。一方面,推进传统产业中的加工制造等低附加值环节及不符合产业发展定位的一般制造业向周边有条件的地区集中疏解,打造雄安新区的"飞地经济"。另一方面,推动总部、研发、设计、标准、专利、展示、营销、品牌等留在雄安,打造总部经济模式。

目前,雄安新区重点打造雄企、雄城、雄新三大总部平台公司,形成雄县·肃宁协同产业园、容城·涞源智慧服装产业园、雄安·定州鞋服新城等多个区外产业承接园区。以雄县为例,外迁至雄县·肃宁协同产业园的企业25家(含雄企集团),主要涉及纸塑包装、塑料管材、压延制革、电器电缆四大传统产业。其他企业主要外迁至河北衡水故城、内蒙古乌兰察布、辽宁喀左、江苏宿迁、山东德州、河北衡水阜城、河北沧州任丘、河北沧州河间、河北沧州献县、河北沧州东光、河北沧州沧县、河北邢台威县、河北邢台南宫以及安徽、天津、江西等地。

5.产业载体平台建设明显加快

雄安新区围绕展"五新"(建设新功能、形成新形象、发展新产业、聚集新人才、构建新机制)目标,打造了一批承接北京非首都功能疏解和聚集高端高新产业的重要载体平台。其中,起步区是雄安新区"显雏形、出形象"的主城区,重点打造五个城市组团。启动区①是雄安新区率先启动建设区域,承担着首批北京非首都功能疏解项目落地、高端创新要素集聚的重任,重点打造大学园、科学园、互联网产业园、创新坊、金融岛、总部区、淀湾镇等七个特色产业和创新片区。在起步区和启动区,科创中心、商务服务中心、中国联通雄安互联网产业园、中国移动(雄安)智慧城市科创中心、中国电信智慧城市产业园、中国科学院雄安创新研究院科技园等产业载体拔地而起。昝岗组团是雄安新区高端高新产业集聚区,科创中心中试基地、中交未来科创城、中能建生态城、雄安铁建中心等一批产业载体加快建设,已有悦享雄安等多家高科技企业签约入驻。位于雄县组团的科创产业园已经开展预招商,位于容东片区的中关村科技园正式揭牌。雄县现代农业产业园入选农业农村部和财政部"2022年国家现代农业产业园创建名单"。雄安综合保税区、跨境电子商务综合试验区、朱各庄产业园、晾马台产业园、白洋淀产业园成为外贸企业转型升级和培育新动能的重要平台。雄安新区智绘未来科技孵化器、千吉中创孵化器、贝壳容创孵化中心等一批科技孵化器投入运营。

---

① 启动区规划范围西至起步区第三组团,北至荣乌高速公路,东至起步区第五组团中部,南至白洋淀,占地38平方公里。

6.高端高新产业导入有序推进

雄安新区聚焦新一代信息技术产业、现代生命科学和生物技术产业、新材料产业、高端现代服务业、绿色生态农业等五大高端高新产业,积极开展"三招三引"(招商引资、招才引智、招会引展)工作,产业和创新要素聚集的有利条件初步形成。雄安新区坚守"北京非首都功能疏解集中承载地"的初心使命,重点服务承接高等院校、科研机构、医疗机构、企业总部、金融机构、事业单位等六类疏解单位,首批疏解清单涉及的项目加快落地。目前,雄安新区正在接续谋划第二批启动疏解的在京央企总部及二、三级子公司或创新业务板块,重点推进金融机构、科研院所、事业单位等的疏解转移。

7.产业结构不断优化

总体来看,雄安新区批复设立后,受管控政策和企业外迁影响,地区生产总值在2017年和2018年略微下降(如图4-1所示)。随着2019年进入大规模建设阶段,雄安新区的地区生产总值呈现加速增长态势,三次产业结构也不断得到优化,从2016年的13.9∶60.1∶26.0调整为2021年的6.3∶40.8∶52.9(见表4-2),由"二三一"结构转变为"三二一"结构,高技术产业和现代服务业发展迅猛。分地区来看,雄县产业结构从2016年的10.5∶69.8∶19.7调整为2021年的8.5∶38.3∶53.1,容城产业结构从2016年的16.5∶56.2∶27.3调整为2021年的3.3∶49.9∶46.8,安新产业结构从2016年的17.3∶47.0∶35.7调整为2021年的7.7∶31.8∶60.5,三县的三次产业结构和要素禀赋结构均得到不同程度的优化。

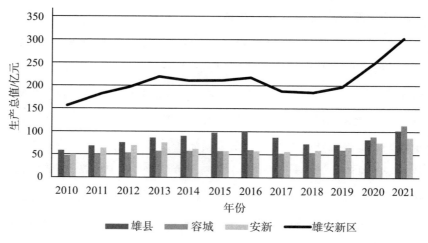

图4-1　2010—2021年雄安新区及三县地区生产总值

数据来源:Wind数据库和河北省统计局。

表4-2　2021年雄安新区三县主要经济指标　　（单位:亿元）

地区	地区生产总值增加值	第一产业增加值	第二产业增加值	第三产业增加值	产业结构
雄县	102.9	8.8	39.4	54.7	8.5:38.3:53.1
容城	114.2	3.8	57.0	53.5	3.3:49.9:46.8
安新	87.5	6.7	27.8	53.0	7.7:31.8:60.5
雄安新区	304.7	19.3	124.2	161.1	6.3:40.8:52.9

数据来源:Wind数据库和河北省统计局。

二、传统产业转型升级的制约因素

雄安新区自批复设立以来,其传统产业转型升级取得显著成效,新旧动能加快转换。但随着环境变化,产业发展面临一些新情况和新问题,传统产业转型升级仍需不断在深度和广度上拓展。

（一）传统产业基础薄弱，高端高新产业"聚集成群"尚需时间

雄安新区目前的产业发展仍以传统产业为主，五大高端高新产业尚处于导入期和萌芽期，人力资本、技术等高端创新要素相对匮乏。[4]高端高新产业导入与传统产业转型存在时间错位，"腾笼换鸟"需要时间换空间。新导入的高端高新产业与原有的传统产业在技术方面存在较大差距，产业间的技术关联性不强，缺乏关联配套和上下游产业支撑。产业载体建设、高端人才引进、创新能力提升和产业集聚效应发挥仍需要相当长一段时期，实现高端高新产业"无中生有"和"平地起高楼"任重道远，战略性新兴产业融合集群发展尚需时间。

（二）科技创新存在短板弱项，产业创新生态系统尚未形成

产业结构内生于要素禀赋结构，并随着要素禀赋结构的升级实现比较优势动态转换和产业结构优化调整。雄安新区设立之初，雄县、容城、安新三县既无高等院校，也无国家级科技创新平台，高等院校、科研机构和高科技企业等科技创新主体非常匮乏，人才、技术、数据等高端创新要素资源严重短缺，产业创新能力明显不足。以2017年为例，雄县、容城、安新三县规模以上工业企业有R&D活动的仅7家，有研发机构的企业仅6家，R&D人员合计仅140人，R&D经费内部支出仅1929万元，其中88.2%来自企业资金。目前，雄安新区在集中承接在京高等院校、科研机构、中央企业等创新主体，以及吸纳集聚全球创新要素资源方面取得巨大进展，但产业创新发展尚处于萌芽期，原始创新和自主创新能力不强，创新链与产业链对接不紧密，科技成果转化不畅通，支撑传统产业转型升级和高端高新产业集聚发展的创新生态系统尚未形成。

（三）经济发展阶段不同，非首都功能落地需要打造"反磁力中心"

从工业化发展阶段来看，北京早已进入后工业化阶段，雄安新区尚

处于工业化中期阶段，需要跨越阶段吸纳集聚北京创新要素资源和高端高新产业。[5]雄安新区公共服务水平与首都北京相比差距较大，"雄才卡"的含金量不够高、吸引力不够大，覆盖人群还不够广，六类重点疏解对象存在"业走人留"难题。六类重点疏解对象对承接地的产业配套、要素禀赋、基础设施、市场需求都有较高要求，难以靠市场机制自发转移。即使一些企业和单位被疏解到雄安新区，如果公共服务水平和关联配套产业跟不上，也可能会陷入"留不住、发展不好"的困境。按照"人往高处走"和"人随业走"的市场规律，雄安新区亟须打造"人才特区"和"反磁力中心"，加快补齐公共服务领域短板，为吸纳集聚创新要素资源和培育壮大高端高新产业集群创造有利条件。

（四）"先立后破"配套政策尚未出台，本地传统企业面临决策难题

雄安新区批复设立前三年，管控政策较多，本地传统企业搬迁转移的紧迫性较强。后三年受新冠疫情影响，部分传统企业出现经营困难和信心不足，对搬迁转移存在等靠思想、观望态度和矛盾心态。尽管近期有"先立后破"的预期引导，但关于"搬不搬""搬哪些""何时搬""往哪搬"等问题仍缺乏清晰的时间表和路线图。对于已外迁企业，存在总部尚未建成、总部与生产不可分、"根留雄安"收益小于成本等问题；对于区内和区外同时生产的企业，存在投资规模过大、产能利用不充分等问题；对于尚未外迁的企业，存在技改搬迁时不补偿、现有产能扩张受限、沉睡资源无法激活等问题。在国家和新区层面搬迁转移政策尚不明朗的情况下，三县微观企业主体无法对未来发展做出准确预测和判断，不敢在本地进行大规模的技术改造和产能扩张，最优选择就是观望或外迁，最终可能会贻误传统产业转型升级的有利时机，延缓本地传统产业技术改造提升，增加地方政府的就业和税收压力。

三、传统产业转型升级的认识纠偏

传统产业和新兴产业不是矛盾对立和非此即彼的关系，而是相互融合、协同共生的关系。产业转型升级不是推倒重来，而是用新技术、新业态和新模式改造提升传统产业，在此基础上培育壮大高端高新产业。

（一）走出"传统产业等于低端落后产业"的认识误区

产业没有高低贵贱之分，关键看企业在全球价值链中的位置，以及产业本身的规模体量、技术含量、环保标准、附加价值和市场需求。例如，"衣食住行"等传统产业是永不过时的民生产业和"恒阳产业"，不能与低端落后产业挂钩。[6]深圳经济特区在改革开放初期利用经济特区优势和劳动力成本优势，通过"三来一补"等加工贸易和服务外包方式嵌入全球价值链中低端环节，大力发展传统的服装加工制造产业。随着资本技术积累和要素禀赋结构变化，深圳的传统服装制造产业逐步向时尚产业转型，成功实现从全球价值链低端环节向中高端环节的跃升。雄安新区的服装、制鞋、毛绒玩具、纸塑包装等传统产业的价值链条长、就业贡献大，而且市场有需求，是典型的富民产业。这些传统产业只要及时进行智能化改造、数字化赋能、绿色化转型和服务化发展，完全可以"老树开新花"，沿着全球价值链"扶梯"不断向"微笑曲线"两端攀升，成为贡献税收和解决就业的主力军，并为五大高端高新产业提供关联配套、技术支撑、人才保障、劳动力池和市场需求。

（二）走出"产业转型就是'退二进三'"的认识误区

社会上存在一种观点，认为雄安新区未来主要发展服务业而非制造业，制造业不符合雄安新区定位。实际上，在雄安新区五大高端高新产业中，既有先进制造业，也有现代服务业，还有绿色生态农业。随着产业融合、产品内分工和制造服务化，传统的三次产业划分方法已经过时，产业边界日益模糊。研究表明，制造业是高端产业最集聚的行业，智能制造、绿色制造和服务制造是产业转型升级的制高点，代表着未来产业发展方向和产业结构高级化趋势。[7]雄安新区要适当加大宣传力度，正面引导市场主体预期，避免过早过快"去工业化"，推动先进制造业和生产性服务业"双轮驱动"发展。

（三）走出"用高技术产业替代传统产业"的认识误区

雄安新区产业结构中存在大量的传统产业，高新技术产业的快速发展需要靠传统产业集聚的财力和物力作支撑。习近平同志早在2001年就指出："要正确处理发展高新技术产业与传统产业的关系，不能将传统产业视如敝屣抛在一边，去专门发展高新技术产业，这既不正确，也不现实。而是要在大力发展高新技术产业的同时，抓紧用高新技术和先进适用技术改造传统产业，使传统产业的技术水平、经济效益和产业素质得到新的提高。"[8]2023年5月12日，习近平总书记在深入推进京津冀协同发展座谈会上再次强调："传统产业在没有新的产业替代、当地的劳动力就业不能得到保障的时候，不能简单地一撤了之。不立不破，先立后破。"[9]

（四）走出"传统产业与新兴产业非此即彼"的认识误区

传统产业和新兴产业并非割裂或对立的关系，而是相互依存、协同发展的关系。很多新兴产业是在传统产业基础上衍生出来的，或者需要传统产业为其提供关联配套。很多传统产业是在新兴产业经历过初创期和成长期以后演化而来的，二者只是在行业生命周期不同阶段的不同称呼而已。传统产业和新兴产业存在着产业技术关联或需求应用关联。雄安新区新兴产业的发展既可以通过传统产业渐进式创新衍生出来，也可以通过科技突破式创新实现路径创造。在雄安新区新兴产业尚未形成稳定的集聚态势之前，不宜过分强调"腾笼换鸟"或"跨越赶超"，切忌一切"推倒重来式"的产业结构调整。

四、传统产业转型升级的风险防范

传统产业转型升级是一个必然趋势,但要把握好转型升级的节奏、力度和实施步骤,防范片面追求跨越赶超带来的各种风险。

(一)防范产业空心化风险

在高端高新产业尚未培育壮大之前,过快推进传统产业搬迁转移,可能会造成失业率上升、财税收入减少和经济增长率下降。如果"笼子"腾空了,"好鸟"却没来,会导致产业空心化,影响国家战略的实施效果。在全球"百年变局"叠加国内"三重压力"(需求收缩、供给冲击、预期转弱)的时代背景下,要避免"不破不立,先破后立"带来的强烈冲击,遵循"不立不破,先立后破"的原则,坚持稳字当头,系统谋划传统产业转型升级的时间表和路线图,统筹发展和安全。

(二)防范企业倒闭潮风险

由于存在路径依赖和沉淀成本,已有的传统企业可能缺乏转型升级的动力和能力。如果没有有效的制度安排和适当的转型过渡期,可能会出现传统企业的倒闭潮。传统企业数量和从业人员众多,企业倒闭会影响就业和社会稳定。当前阶段,雄安新区要及时稳定本地传统企业预期,引导传统企业抓住转型升级的"窗口期",加强技术改造和工业设计,推进质量变革、动力变革和效率变革,推动产业全面绿色发展转型,培育自主品牌优势,使传统产业在全球价值链中不断攀升。

(三)防范比较优势断档风险

产业结构内生于要素禀赋结构,产业升级的关键在于推动要素禀赋结构升级。[9]要素禀赋结构决定着一个地区的比较优势,进而影响着竞争优势的形成。雄安新区传统产业发展所需的要素禀赋相对丰裕,但五大高端高新产业发展所需的高端要素禀赋相对匮乏。随着雄安新区的设立和发展,依靠劳动力、土地等低成本优势发展传统产业的发展模式不可持续,亟待从要素投资驱动向创新驱动转变。因此,雄安新区传统产业转型升级要重点关注要素禀赋结构的升级,动态形成与高端高新产业相匹配的要素禀赋结构,尽快补齐人才、技术、数据等高端要素短板,加快比较优势的动态转换。但比较优势的动态转换是一个渐进过程,需要通过劳动力"干中学"和各类要素此消彼长来实现。在新兴产业形成新的比较优势之前,可能会出现一段时期的"比较优势断档期"和"转型升级阵痛期"。

(四)防范传统产业分散转移风险

雄安新区传统产业的最大优势在于集群优势,大量上下游关联配套企业集聚在一起,形成快速反应能力,可以极大地降低生产成本、时间成本和交易成本。企业异地搬迁,如果不能抱团整体外迁,可能会导致部分迁出企业因不适应承接地环境或缺乏配套而破产。同时也要注意在转移中升级、在升级中转移,避免出现污染企业"异地搬家"和过剩产能"异地扩张"。

(五)防范选择性产业政策风险

由于政府的有限理性、信息不对称和企业的逆向选择,在推进传统产业转型升级和培育壮大高端高新产业过程中,会出现产业政策与产业演化规律匹配失调的问题,出现政府政策错位、缺位和越位现象。选择性产业政策是一种优生而非优育的政策,通过扭曲要素价格形成某种产业的竞争优势,通过人为挑选赢家和输家,形成不公平的市场竞争环境,不利于发挥市场配置资源的决定性作用。雄安新区高端高新产业尚处于培育期,产业技术路线和市场规模存在较大的不确定性,政府的认知很难适应技术和市场的快速变化。考虑到政府的认知缺陷,不能由政府替代市场主体来选择技术路线和发展路径。"有为政府"要想更好地发挥作用,就应该把有限的资源集中到市场解决不了的产业载体、公共服务、基础研究等短板上,打通政策堵点断点,推进产业政策从选择性特惠式向竞争性普惠式转型。

五、传统产业转型升级的路径选择

雄安新区传统产业的转型升级至少有四条路径可选择,一是产业功能移植,二是全球价值链攀升,三是区域产业衍生,四是创新生态孕育。

(一)产业功能移植

雄安新区是"北京非首都功能疏解集中承载地"和"首都功能拓展区",是北京"新两翼"中的重要一翼。2023年5月12日,习近平总书记在主持召开深入推进京津冀协同发展座谈会时强调,"要牢牢牵住疏解北京非首都功能这个'牛鼻子'""要着力抓好标志性项目向外疏解""要继续完善疏解激励约束政策体系""要推动北京'新两翼'建设取得更大突破"。[10]北京非首都功能疏解和产业功能移植为雄安新区高端高新产业集聚提供了有利条件,开启了产业集聚的初始触发机制和正反馈作用机制,开创了国家级新区"外部植入型"产业转型升级的全新模式。

产业功能移植在初期阶段需要更好发挥"有为政府"的因势利导作用。雄安新区的产业功能移植模式并非简单遵循产业生命周期理论、产业梯度转移理论和边际产业转移规律,而是围绕"5+6"现代产业体系,高门槛承接北京疏解的高端高新产业。雄安新区要想尽快形成高端高新产业集聚态势,单纯靠市场自发培育短期内难以实现,必须发挥高能级政府作用,依靠制度创新、政策扶持和环境营造,为高端高新产业集聚提供原始动力。雄安新区需要基于自身功能需求和产业发展定位,在做好首批疏解项目承接的基础上,接续谋划第二批和第三批重点承接对象,营造一流承接环境,完善配套政策体系,精准有序承接北京非首都功能疏解。日本的筑波科学城、韩国的大德科技园等都是"外部植入型"产业发展的典型案例,对雄安新区具有重要的借鉴和启示意义。

(二)全球价值链攀升

在全球价值链中,企业借助全球生产网络和产业分工体系获取技术进步和市场联系,进而实现技术水平、生产效率和价值获取能力的提高。全球价值链下的贸易、投资、知识流动为企业技术创新和产业转型升级提供了良好途径。通过全球价值链中的动态学习和创新机制,后发地区可以逐步提升自身在全球产业分工网络中的地位。后发地区沿全球价值链进行产业升级的路径可以概括为流程升级、产品升级、功能升级和链条升级,流程升级和产品升级相对容易,功能升级和链条升级通常会受到发达国家的控制和阻击,面临"低端锁定"风险。

雄安新区产业发展可以沿着全球价值链向"微笑曲线"两端的中高端环节跃升,或进入新的产业链条实现跨行业的链条升级。具体而言,全球价值链升级路径可以归结为四个方面。第一,雄安新区通过供给侧结构性改革,推进传统产业质量变革、效率变革和动力变革,实现流程升级和产品升级。第二,雄安新区主动破解资源环境承载力对传统产业发展的硬约束,推进传统产业从加工制造等低附加值环节转向研发、设计、品牌、营销等高附加值环节,逐步实现产业功能升级。第三,雄安新区要基于现有产业基础,瞄准新一代信息技术、现代生命科学和生物技术、新材料、高端现代服务业、绿色生态农业等五大高端高新主导产业,构建现代产业体系,实现跨行业的链条升级。第四,雄安新区要围绕构建"双循环"新发展格局,打造跨区域的新兴产业链集群,并推进区域产业链与全球价值链对接,从而突破传统产业的"路径依赖"和"低端锁定",实现新兴产业的"路径创造"和"高端跃升"。

（三）区域产业衍生

区域产业衍生理论是区域经济学和演化经济地理学关注的前沿热点理论，对雄安新区如何打破传统产业路径依赖和实现新兴产业路径创造具有重要指导意义。[11]区域产业衍生理论认为，传统产业与新兴产业不是相互割裂的，而是存在紧密的产业技术关联、需求应用关联和投入产出关联。新兴产业脱胎于与其存在内在关联性的传统产业，是对现有传统产业能力的重新组合，或者依托现有传统产业为其提供产业关联配套。如果一个新产业与本地现有产业存在紧密的技术关联或投入产出关联，这个新产业在当地出现和存活的概率会更大，因为关联产业为新产业提供了必要的知识、技术、技能、工人和企业家资源。[12]与产业集聚理论将产业集聚的源头归结为"历史偶然性"不同，区域产业衍生理论将某个地区的产业发展视作一个动态演化过程，高等院校、科研机构和本地企业的衍生活动是新产业形成的核心机制，企业多样化、劳动力流动和社会网络也是新产业形成的重要渠道。[13]

雄安新区可以基于现有传统产业基础，通过渐进式创新实现新兴产业内生的路径创造，具体可以从企业、产业和区域三个层面展开探讨。从企业层面来看，区域产业衍生是指雄安新区现有企业通过关联多样化进入与企业原有生产活动相关的新兴行业领域，或者通过原始创新、协同创新、技术引进等方式进入与企业原有生产活动不相关的新兴行业领域。从产业层面来看，区域产业衍生是指雄安新区通过科技创新驱动传统产业沿着全球价值链从加工制造等低端环节向研发、设计、品牌、营销等中高端环节跃升，或者通过"腾笼换鸟"实现产业结构从以传统产业为主向以新兴产业为主转变。从区域层面来看，区域产业衍生是指雄安新区新兴产业通过需求应用关联，利用区域外部的创新要素资源、产品市场需求和关联配套产业，通过分工合作机制实现与周边地区产业协同开放、协同创新、协同发展和协同集聚。产业衍生具有很强的路径依赖性，区域已有知识、技术和能力的重组是产业结构动态转换的关键。雄安新区传统产业转型升级要注意新旧产业的技术关联性,不能搞"推倒重来式"的产业重构。

(四)创新生态孕育

创新生态系统以生物学的演化规律来揭示城市或区域内各类产业创新主体的互动过程。[14]在创新生态系统中,企业、高等院校和科研机构是协同创新的核心层,政府部门、中介机构和用户等构成协同创新的外围层,各类创新主体共同形成"产学研—政介用"创新生态系统。文化、制度和科技基础设施则构成创新生态系统的支撑环境,各类创新主体在特定的文化、制度背景下进行协同创新活动,形成根植于当地的创新生态系统。创新生态系统强调各类创新主体的紧密互动、各类要素资源对创新活动的联合支持和区域间创新要素资源的交互作用,通过多主体互动、多要素协同和多区域联动,实现创新链与产业链、资本链、政策链、服务链的无缝对接。创新主体的多样性、开放性和竞合共生关系是创新生态系统得以形成、维持和自我增强的关键。

美国硅谷和中国深圳的产业创新发展模式为雄安新区构建创新生态系统提供了典型经验借鉴。以美国硅谷为例,斯坦福大学、加州大学伯克利分校等高等院校为硅谷培育了大量的创新创业人才,政府采购、军事订单、基础研究经费支持和大量风险投资机构为硅谷新兴产业发展提供了稳定而充足的资金来源,崇尚创新、宽容失败的文化氛围为硅谷企业创新提供了土壤,《专利法》《商标法》《反不正当竞争法》和《拜杜法案》等法律制度为硅谷知识产权保护、科技成果转化和营商环境改善提供了制度保障。[15]我国深圳基于改革创新的实践探索,形成了以科技为源头、以企业为主体、以人才为抓手、以金融为支持、以市场为导向、以产业为终端、以移民文化为依托的创新生态系统。[16]在硅谷和深圳,政府、企业、大学、科研机构、风险投资机构、科技服务机构和用户相互依存、相互激励,共同形成支撑新兴产业发展的创新生态系统。

雄安新区可以借鉴美国硅谷和我国深圳的经验模式,构建支撑产业转型升级的创新生态系统。在创新生态系统形成初期,雄安新区要围绕创新生态系统的创新主体和要素构成,尽快补齐自身在大学、科研机构、高技术企业方面的短板。按照《河北雄安新区规划纲要》的要求,雄安新区要重点承接著名高校在新区设立分校、分院、研究生院等,承接国家重点实验室、工程研究中心等国家级科研院所、创新平台、创新中心,重点承接新一代信息技术、生物医药和生命健康、节能环保、高端新材料等领域的央企以及创新型民营企业、高成长性科技企业,积极吸纳和集聚京津以及国内外创新要素资源,发展高端高新产业,推动产学研深度融合,建设创新发展引领区和综合改革试验区。激励机制、服务体系和文化氛围构成创新生态系统的支撑环境。随着创新主体和创新要素的集聚,雄安新区也要及时提供激励科技协同创新的政策和制度安排,建立服务创新创业的金融体系,培育鼓励创新和宽容失败的文化氛围,引导京冀科技创新成果在雄安新区异地孵化转化,促进科技创新成果快速资本化和产业化,进而不断催生出新的产业部门。总之,雄安新区要加快构建支撑产业转型升级的创新生态系统,为传统产业转型和高端高新产业涌现提供源源不断的内生动力。

六、传统产业转型升级的对策建议

为更好地推进雄安新区传统产业转型升级,本章提出以下政策建议。

(一)集中承接非首都功能疏解和产业转移

围绕"5+6"重点承接对象,持续完善疏解激励约束政策体系,汇聚起疏解地的推力、承接地的引力、疏解机构的动力和中央部门的助力,形成强大的疏解合力。[17]加强与中央协同办、北京市政府和国家相关部委的制度性协商，压茬推进央企、高校、医院等第二批疏解项目，同时研究谋划第三批疏解工作方案。及时总结首批集中疏解项目积累的实践经验，形成集成创新政策，为第二批和第三批集中疏解清单对接落地提供借鉴。把北京"减量发展"和雄安新区"增量发展"结合起来，利用雄安新区土地优势和制度创新优势，促进北京高端高新产业在雄安新区的异地扩张。主动对标北京服务业扩大开放的试点政策和经验，打造服务业开放新高地和制度型开放新平台。

（二）促进传统产业迈上全球价值链中高端

实施全球价值链高端跃升计划，推动传统产业沿全球价值链向研发、设计、品牌、展示、营销等高附加值、低排放环节攀升。利用雄企、雄城、雄新三大总部平台公司，在技术创新、科技成果转化、资源整合、工业设计、智能制造等方面探索传统产业转型升级路径，发挥示范带动效应。对服装、毛绒玩具、制鞋、箱包等传统产业进行"智能+"升级，嵌入数字技术、人工智能等自动控制类模块和本地文化元素，开发智能穿戴产品和文化创意产品，发展时尚产业。引导外贸企业沿着OEA（委托组装）—OEM（贴牌生产）—ODM（委托设计）—OBM（原创品牌）的路径不断进行工艺升级、产品升级和功能升级。用好自贸区、综合保税区、跨境电商综试区的政策红利，利用朱各庄、晾马台、白洋淀等地的跨境电商平台优势，打造国内电商直播基地和跨境电商产业带，培育国内"网红经济"和外贸发展新动能。加大对外商投资企业奖励细则的宣介力度，出台切实管用的配套政策体系，补齐雄安新区在招引外商投资企业方面存在的短板弱项。

（三）构建支撑产业转型升级的创新生态系统

以雄安新区"四个三"科技创新体系为牵引，围绕新一代信息技术、现代生命科学，以及生物制造、新材料三个重点产业方向，建设国家前沿创新、产业孵化创新、成果转化创新三类科技创新平台,打造多区域协同、多主体联动、多要素保障的"产学研—政介用"创新生态系统。锚定"展五新"发展目标和"聚要素"工作部署,落实"八个加快聚集、八个着力打造",以科技创新推动创业创新,特别是以颠覆性技术和前沿技术催生新产业、新模式、新动能,加快形成新质生产力,打造新时代的创新高地和创业热土。

(四)推动战略性新兴产业融合集群发展

借鉴"合肥模式",以政府引导基金为主导,以产业招商为先导,通过国资平台直接投资或组建、参与各类投资基金,带动社会资本服务于地方招商引资,共同打造空天信息和互联网产业集群等产业新地标。处理好主导产业和关联配套产业的关系,优先发展五大高端高新主导产业,配套发展基础产业和关联产业,前瞻布局未来产业,防止主导产业"孤军奋战"或各类产业"平衡发展",培育形成战略性新兴产业集群。[18]把握新一轮科技革命和产业变革带来的战略机遇,利用新技术、新模式、新业态赋能产业高质量发展,促进数字经济与实体经济深度融合、信息技术与传统产业深度融合、先进制造业与高端服务业深度融合、军民产业深度融合。

(五)促进产业协同集聚与区域协调发展

雄安新区作为连接北京和河北的重要节点,要发挥"创新发展引领翼"和"协调发展示范翼"的作用,串起京津冀"三轴""四区"及多个重要城市节点,促进"中部核心功能区"产业隆起,辐射带动"南部功能拓展区"加快发展。建立与周边地区产业协同发展新机制,开展跨区域产业链招商,打造跨区域新兴产业链集群。以雄县·肃宁协同产业园、容城·涞源服装智慧新城、雄安·定州鞋服新城等为重点,打造一批与雄安新区产业关联配套的异地产业园区和特色产业集群,促进雄安新区创新链与周边地区产业链紧密对接。

（六）创新产业合作模式和利益分享机制

建立雄安三县与异地产业园所在地政府的制度性协商机制，充分调动地方政府、平台公司、外迁企业等合作各方积极性，共同协商规划建设、运营管理、成本分担、利益分配等事项，实现权利与责任对等。[19]构建"总部+基地""研发+生产""孵化+产业化""共建共管""整体托管"等多种产业合作模式。建立财税分享、GDP共计等利益分享机制，在"做大蛋糕"的同时"分好蛋糕"，增强未来合作的可持续性。借鉴中关村海淀园秦皇岛分园的做法，对入驻合作园区的企业产生的税收实施分成模式，迁出地、迁入地两地政府各得40%，另外20%用来设立产业发展基金，进一步培育新兴产业。

（七）为本地传统企业提供稳定的政策预期

尽快出台"先立后破"的配套政策体系，明确存量传统企业搬迁转移时限，为传统企业转型升级提供明确政策预期。按照"先立后破"的原则，适时修订《河北雄安新区产业准入禁止限制类目录（2019年版）》，对本地存量企业符合"数字化、网络化、智能化、绿色化"发展方向的工业企业技改项目给予明确的政策支持，在不增加征迁补偿成本和占地面积的前提下允许大规模设备更新和厂房改造，允许企业扩张先进产能，激活企业沉睡资源。发挥能耗、排放、技术等标准的牵引作用，推进传统产业"智改数转"和全面绿色转型。建议雄安三县各自建立一个工业园区，在满足征迁政策、组团规划条件下，通过市场化、法治化手段引导存量传统企业入园，支持平移企业技术改造，合理利用腾退厂房空间。

（八）通过解放思想释放新区建设活力

雄安新区是新时代改革开放新高地和制度创新增长极。要坚决破除不合时宜的思想观念和条条框框束缚，真正做到敢闯敢干敢为天下先。[20]建立改革创新的容错纠错机制，为改革创新者撑腰鼓劲，为敢担当善担当者提供广阔的事业发展平台。推行"规划引导+负面清单+法无禁止皆可为"的产业发展模式，清除投资"路障"，设置投资"路标"，建设创新创业的"高速公路"，最大限度调动一切积极有利因素发展产业。营造鼓励创新、宽容失败的创新文化氛围，打造有利于创新创业的市场环境，培养企业家精神，让创新成为雄安新区的鲜明标识，让空气中弥漫着创新的味道，让一切创新源泉充分涌流。

参考文献

[1]柳天恩．雄安新区产业转型升级研究[M].北京:光明日报出版社,2023.

[2]田学斌,柳天恩．创新驱动雄安新区传统产业转型升级的路径[J].河北大学学报(哲学社会科学版),2018,43(4):70-75.

[3]田学斌,曹洋．雄安新区规划建设的进展、困境与突破[J].区域经济评论,2021(2):25-32.

[4]石敏俊．雄安新区产业转型升级发展面临的挑战及应对思考[J].金融理论探索,2023(1):28-30.

[5]柳天恩,张泽波．雄安新区承接北京非首都功能的进展、问题与对策[J].改革与战略,2021,37(7):109-116.

[6]田学斌,柳天恩,周彬．新形势下我国产业转型升级认识纠偏和政策调适[J].当代经济管理,2019,41(7):1-7.

[7]黄群慧．京津冀协同发展中的雄安新区产业定位[J].经济研究参考,2018(1):3-6.

[8]习近平．以调整优化产业结构为重点 加快经济结构的战略性调整 [J].中国改革,2001(3):31-33.

[9]以更加奋发有为的精神状态推进各项工作 推动京津冀协同发展不断迈上新台阶[N].人民日报,2023-05-13(1).

[10]林毅夫,付才辉.比较优势与竞争优势:新结构经济学的视角[J].经济研究,2022,57(5):23-33.

[11]以更加奋发有为的精神状态推进各项工作 推动京津冀协同发展不断迈上新台阶[N].人民日报,2023-05-13(1).

[12]贺灿飞.区域产业发展演化:路径依赖还是路径创造?[J].地理研究,2018,37(7):1253-1267.

[13]赵建吉,王艳华,苗长虹.区域新兴产业形成机理:演化经济地理学的视角[J].经济地理,2019,39(6):36-45.

[14]张可云,李晨.区域派生理论与经验研究进展[J].经济学动态,2019(12):122-137.

[15]李万,常静,王敏杰,等.创新3.0与创新生态系统[J].科学学研究,2014,32(12):1761-1770.

[16]田学斌,柳天恩,武星.雄安新区构建创新生态系统的思考[J].行政管理改革,2017(7):17-22.

[17]武义青,柳天恩,窦丽琛.建设雄安创新驱动发展引领区的思考[J].经济与管理,2017,31(3):1-5.

[18]武义青,柳天恩.雄安新区精准承接北京非首都功能疏解的思考[J].西部论坛,2017,27(5):64-69.

[19]柳天恩,武义青.雄安新区产业高质量发展的内涵要求、重点难点与战略举措[J].西部论坛,2019,29(4):116-124.

[20]柳天恩,王利动,刘蕊.雄安新区与周边地区产业协同发展的路径选择[J].商业经济研究,2022(22):170-172.

第五章　他山之石

——康巴什新区的经验教训及其对雄安新区的启示

石敏俊*

一、康巴什新区与雄安新区的发展模式比较

康巴什新区位于内蒙古自治区鄂尔多斯市,是鄂尔多斯市的政务中心。康巴什新区距东胜区老城约25公里,与伊金霍洛旗旗政府驻地阿勒腾席热镇隔乌兰木伦河相望,有望形成康阿组团。康巴什新区三面临河,地势平坦开阔,东西长约45公里,南北宽约17公里,地域面积372.55平方公里,城市建成区面积近40平方公里。2022年,康巴什新区常住人口15.3万人,约占鄂尔多斯市总人口的7.5%,建成区人口密度仅3825人/平方公里。①

建设康巴什新区的目的是承接功能疏解。由于原有产业基础薄弱,康巴什新区先期依靠政府机构和事业单位搬迁带动新城发展。康巴什新区从2000年起开始规划建设,2004—2007年完成城市基础设施建设,2006年鄂尔多斯市政府由东胜区迁到康巴什新区。自2007年起,鄂尔多斯部分学校、医院搬迁到康巴什新区。由于人口集聚、产业发展严重滞

---

* 作者简介:石敏俊,浙江大学雄安发展中心主任,浙江大学城市发展与低碳战略研究中心主任,城市发展与管理系主任,浙江大学求是特聘教授、博士生导师,研究领域为城市网络与城市系统、空间经济与区域发展、应对气候变化的城市减碳和适应策略、生态产品价值实现。

① 根据鄂尔多斯市康巴什区2022年国民经济和社会发展统计公报及鄂尔多斯市康巴什区人民政府《关于印发康巴什区"十四五"生态环境保护规划的通知》整理计算得到。

后于城市建设,康巴什新区曾经被称为"鬼城",引起国内外的关注。

(一)康巴什新区的建设历程

1.建设契机——煤炭经济腾飞,但老城区发展空间有限

鄂尔多斯市拥有丰富的煤炭、天然气、稀土等矿产资源,风能、太阳能资源禀赋良好。21世纪初,由于煤炭产业发展,鄂尔多斯市经济实现了飞跃式增长。2000年以来,鄂尔多斯市生产总值增速多年维持在20%的高水平,人均GDP超过北京、上海、香港等大都市,一度成为中国人均GDP最高的城市。由于鄂尔多斯市政府原驻地东胜区面积只有23平方公里,人均居住用地、人均道路广场用地、人均生活用水量等指标均低于全国平均水平,并且东胜区周边多为丘陵沟壑地形,地下还蕴藏有7亿吨煤炭资源,煤炭资源开发会引发拆迁问题,城市用水需要从黄河引水,成本较高,老城区发展空间受限,难以承载未来经济增长的需要。

在此背景下,康巴什新区应运而生。康巴什新区位于东胜区与伊金霍洛旗阿勒腾席热镇之间,距东胜区约25公里,隔着乌兰木伦河与阿勒腾席热镇相望,三面被乌兰木伦河所环绕,水源保障充足,具有天然的绿色屏障,地貌地形开阔平坦,开发潜力较大。

2.发展阶段演变——城市建设先行、人口产业发展滞后

(1)城市建设先行阶段(2000—2007年)

这一阶段的特点是城市基础设施、市政设施与文化设施建设先行,公共服务配套设施不完善,产业、人口发展处于空白状态。

康巴什新区在2000—2003年进入规划阶段。2004—2007年,康巴什新区完成了城市基础设施建设,标志性的文化、行政设施同时建成。主要包括:市博物馆、图书馆、民族剧院、文化艺术中心、会展中心、体育中心、新闻中心等七大标志性文化工程,新的市政府大楼、成吉思汗广场等地标建筑,新区道路、园林及水电气等基础设施等。2006年,鄂尔多斯市政府由东胜区迁到康巴什新区。此时,医院、学校、商场等公共服务配套设施还没有到位,城市功能也不齐全。

（2）城市功能完善阶段（2007—2010年）

这一阶段的特点是适度超前建设公共服务配套设施,产业、人口发展仍处于空白状态。

市政府搬迁到位后,康巴什新区开始适度超前规划建设公共服务设施,并将众多学校、医院搬迁到康巴什新区,包括鄂尔多斯第一中学、鄂尔多斯第一小学、全市高等教育和职业教育学校、市直医疗机构等。然而,产业发展、人口聚集十分落后,出现了"空城"现象。2010年美国《时代》周刊发表了题为"鄂尔多斯:一座现代的鬼城"的文章,称"康巴什这座原计划迁入百万人口的城市在建成后却成为一座现代化空城,十五分钟内不见一个行人,驶过的汽车不到十辆,偶尔遇到一个行人,也是踱着沉重的步伐"。2012年,英国BBC发表了一篇题为"鄂尔多斯:中国最大的鬼城"的文章,进一步引发了国内外的关注。

（3）人口和产业导入阶段（2010—2022年）

这一阶段的特点是人口增长平稳,产业发展迟缓,"空城"现象仍较突出。

2010—2012年,康巴什新区开始大规模推进住宅地产开发,导致房地产价格飙升。2009—2010年,康巴什新区的商品房平均价格从3000~4000元/平方米急速上涨到8000~9000元/平方米。房价上涨反过来又驱动了地产开发的高潮。2010年,鄂尔多斯房地产开发实际施工面积2696万平方米,同比增长45.1%;完成投资365.7亿元,同比增长129.13%。2011年,鄂尔多斯房地产新开工面积达1300万平方米,施工总量达2300万平方米,完成投资450亿元。[1]

2014年,康巴什新区常住人口只有8.2万人,主要是行政机关和企事业单位员工、大型煤炭企业职工、学校师生以及征地安置居民。大部分常住人口是受地方政府搬迁政策的影响迁入的。2015—2022年,康巴什新区人口趋于平稳增长。2022年，康巴什新区常住人口达到15.3万人，但建成区人口密度仍较低，仅为3825人/平方公里。

这一时期，康巴什新区的产业发展迟缓，鄂尔多斯市规模以上工业企业（年销售收入2000万元以上的企业）仅有1%分布在康巴什新区。目前，康巴什新区的产业主要以第三产业为主，第二产业十分薄弱，原先规划的工业产业园区尚未形成规模，未达到规划预期，产业集聚效应尚未形成。

（二）康巴什新区与雄安新区发展模式的相似之处

康巴什新区与雄安新区相比，发展模式存在较多的相似之处。

1.新区建设目的都是拓展城市发展空间，承接城市功能疏解

康巴什新区建设背景是东胜老城区的发展空间受限，亟须拓展发展空间，承接功能疏解。雄安新区建设目的也是解决北京"大城市病"，作为北京非首都功能疏解的集中承载地，同时引领带动河北产业发展转型。在这一点上，康巴什新区与雄安新区是高度相似的。

2.新区规划建设主要依靠行政力量，自上而下推进实施

康巴什新区从规划到建设，主要是鄂尔多斯市政府作为责任主体，依靠行政力量，自上而下推进实施的。雄安新区的规划建设则是河北省委、省政府履行主体责任，基于行政逻辑，依靠政治动员，自上而下推进新区建设和北京非首都功能疏解。在行政力量主导、自上而下推进新区建设这一点上，康巴什新区与雄安新区也是高度相似的。

3.新区建设主要依靠机关事业单位和教育医疗公共服务机构搬迁带动

由于市场驱动力不强，康巴什新区不得不依靠机关事业单位和教育医疗公共服务机构搬迁先行，以期吸引人口集聚，带动产业发展。但事与愿违，机关事业单位和教育医疗公共服务机构搬迁先行，未能有效带动康巴什新区的人口集聚和产业发展。究其原因，人口流入、商圈发育、生活空间培育、城市功能完善主要靠市场机制驱动，机关事业单位和教育医疗公共服务机构搬迁,不一定能有效带动人口流入、商圈发育、生活空间培育和城市功能完善。

当前,雄安新区已进入大规模开发建设与承接非首都功能疏解同步推进的阶段,北京非首都功能疏解主要靠行政力量,推动科研院校、央企总部以及教育医疗公共服务机构从北京向雄安新区搬迁。但科研院校、央企总部以及教育医疗公共服务机构的搬迁能否有效带动人口流入、商圈发育、生活空间培育、城市功能完善,仍然是一个未知数。

4.新区空间规划为组团式布局,建成区规模展开过大

康巴什新区的城市建成区面积40平方公里,按照城市建成区人口密度控制标准,至少可以容纳40万人居住。康巴什新区的建成区规划采用按功能布局的区块模式,并且许多街区尺度在400米左右,与一般城区120~150米的标准相比,空间规模展开过大,虽然降低了容积率,但也导致居民点与商业区、公共服务设施的空间匹配度过低,商业区和公共服务设施的可达性较差。

雄安新区的建成区规划采用"主城区+5个组团"的组团式布局,容积率较低,但空间规模展开过大,也有可能带来居民点与商业区和公共服务设施的空间匹配度过低、商业区和公共服务设施的可达性较差等问题,值得引起关注。

二、康巴什新区产城人融合发展的经验教训

康巴什新区曾经被称为"鬼城",根本问题在于产业发展与城市建设不同步,产业发展严重滞后,导致人口聚集不足,入住率很低,未能实现"产城人"融合发展。康巴什新区作为新城建设的典型案例,其经验教训值得认真总结和深刻反思。

(一)地产开发先行,产业发展滞后

从表象看,康巴什新区的主要问题是地产开发先行,产业发展滞后。

由于缺乏产业支撑,就业机会有限,对人口的吸引力不强,人口聚集滞后,城区人口规模过小,导致商圈发育、城市功能培育滞后,土地开发—产业发展—人口聚集的链条断裂,制约着城市人居环境改善。

鄂尔多斯市是典型的资源型城市,产业发展"一煤独大",产业结构单一,当地政府曾希望推动产业发展多元化,摆脱"一煤独大"的困境,康巴什新区的产业曾经定位于装备制造业尤其是汽车制造业,但与原有的产业基础脱节,汽车产业缺乏产业链上下游配套行业的支撑,也无法招聘到足够的专业人才和熟练技术工人,汽车产业在康巴什新区没有发展起来。2005年8月,华泰汽车在康巴什新区建设汽车工业园,但直到2013年11月,仅产销整车3200辆,园区的主要工作是将下线的轿车进行简单组装,技术含量不足。园区生产的华泰特拉卡销售惨淡,后来上马的轿车柴油发动机项目的前景也不乐观。由于产业定位不清,新产业发展滞后,康巴什新区吸纳就业人口的能力有限,无法吸引劳动力和人口集聚。

按照规划,康巴什新区的主要功能以公共服务和居住为主,周边布局的工业园区距离城区较远,并且工业园区入驻企业少,开工进度迟延,许多企业尚处在基建阶段,不能为吸引人口聚集提供有效的支撑。2007年,距离康巴什新区5公里的装备制造业园区开始动工,投入40多亿元进行基础建设,水、电、热、气、通信、排污等管网全部一次性下地,园区道路宽阔平整,还修建了公园、凉亭。但直到2011年,入驻园区的企业仍寥寥无几,即便开工的企业也存在明显的开工不足情况,在园区就业的产业工人数量很少。康巴什新区周边的蒙苏经济开发区、鄂尔多斯高新技术产业园区到新城的距离均有10~15公里,难以与康巴什新城形成通勤联系,遑论吸纳人口在新城定居。

(二)依赖政府的行政力量推动,新城发展的内生动力不足

从深层次原因看,康巴什新区的根本问题在于新城发展的内生动力

不足。作为自上而下、政府主导规划建设的新城,康巴什新区建设主要依赖政府的行政力量推动,政府机构搬迁、公共服务设施建设都是在政府行政力量主导下推进的,市场机制驱动的人口流入、商圈发育、生活空间培育、城市功能完善明显滞后。从系统论的视角看,这是自上而下的构成机制主导、自下而上的生成机制不足所导致的问题。

康巴什新区现有的人口流入主要来自政府部门搬迁以及学校、医院等公共服务机构搬迁的政策性迁移人口,行政企事业单位工作人员和勤务人员、学校的住校学生约占新区常住人口的79%。行政企事业单位大部分从东胜区搬迁过来,即使有单位分配住房,许多政府部门和事业单位的员工仍采取通勤方式,白天在康巴什新区上班,晚上回到东胜区居住。由于缺乏第二产业和第三产业的支撑,产业发展带动的人口流入很少,导致康巴什新区的人口增长率一直不高,人口增长乏力。

康巴什新区的房地产开发超前,但房地产市场缺乏内生动力,导致商品房空置严重。康巴什新区房地产开发速度过快,但房价过高,有购房意愿的当地低收入居民和外来务工人员的收入偏低,买不起房,导致大量住宅和商品房积压。高收入居民和外地投资者则拥有多套住房,但他们很少在新城居住。康巴什新区的房屋空置率曾一度高达80%以上。商品房入住率极低,加剧了"空城"现象。

城市发展有其内在规律,新城建设必须认识、尊重、顺应城市发展的规律,不能无视人的需要、无视产业基础,切忌过度依赖行政力量的推动,片面追求速度或单方面突进。

（三）空间规划不合理,对产业集聚和城市功能培育形成制约

从城市规划层面看,康巴什新区的空间规划有其不合理之处。一方面,建成区规模展开过大,人口和公共服务设施的空间不匹配,导致人口密度过低,公共服务设施的可达性差,不利于城市人居环境质量的提升;另一方面,康巴什新区与东胜区老城的距离太远,难以受到老城区的辐

射,无法实现与老城区联动发展,相邻的阿勒腾席热镇城镇规模偏小,目前康阿城区仍未达到城市规模门槛,制约着商圈发育、城市功能完善。

康巴什新城的初始定位是承接东胜区老城的人口转移,但由于东胜区的教育、医疗等公共服务及商业服务均远胜于新城,新城对老城区人口疏解的吸引力不强。康巴什新城到东胜区老城的距离约25公里,两地亦难以联动发展。

康巴什新区有许多街区尺度在400米左右,与一般城区120~150米的人行街区尺度标准相比尺度过大。以服务业具有生产与消费同时性和不可储存性的特征,步行可达范围内面对面的交流有助于商圈的形成和发育。400米的街区尺度不适宜步行,使得新区居民不得不开车出行,对商圈发育起到了抑制作用,限制了新城的商业繁荣。从单项指标来看,康巴什新区内的商场密度与步行可达性水平均较低,基本公共服务设施的常住人口覆盖率也较低。建成区常住人口规模小、人口密度低、街区尺度过大,成为制约康巴什新区商业服务业发展、商圈繁荣的重要因素。

三、康巴什新区的经验教训对雄安新区建设发展的启示

(一)康巴什新区的经验教训对产城人融合发展的启示

总结康巴什新区建设的经验教训,我们得到三点启示。

第一,新城建设必须认识、尊重、顺应城市发展的内在规律,以产城人融合发展为根本遵循,不能无视人的需要,无视产业基础,切忌过度依赖行政力量的推动,片面追求速度或单方面突进。

产城人融合发展是指产业与人、产业与城市、城市与人之间的协调发展,强调"以城载产,以产聚人,以人兴城"的发展理念。产城人融合发展的内涵是以"人"为核心和重点,促进"产"和"城"的协调发展。产业、城市功能和人口之间是相互作用、相互依存的关系。人口集聚带来生产

要素和消费需求,是城市的活力系统;产业注入推动城市经济增长,是城市的动力系统;城市基础设施建设,商业服务、居住、休闲、教育、医疗等城市功能完善,吸引更多人口集聚,是城市的硬件系统。因此,产是第一支撑,城是第一平台,人是第一要素,"产城人"是一个有机整体。

城市是典型的复杂适应系统,由多种相互作用的具有适应性的主体组成,具有多层次的复杂结构。产城人融合发展,需要产、城、人之间相互作用、相互适应,因此,既要强调顶层设计和系统"构成",也要重视新城建设发展过程中的自组织、自适应。如果新城建设过度依赖自上而下的"构成",否定自下而上的"生成",就容易陷入景观单调、乐活不足、烟火气缺失的困境。

第二,应当同步推进产业发展与新城建设。

城市发展不能过度依靠政府机关和学校、医院等公共服务部门的搬迁来带动,产业发展才是新城建设的主要驱动力。康巴什新区的经验教训表明,机关事业单位和教育医疗公共服务机构的搬迁,不一定能有效带动人口流入和城市功能完善,人口流入、商圈发育、生活空间培育、城市功能完善主要是靠市场机制驱动和产业发展带动的。

产业发展是一个生态系统,既要有高大的乔木,也要有灌木和草丛。高端高新产业与传统产业并非相互排斥的关系,而是互为补充、相互促进的关系,并且许多高端高新产业都是由传统产业转型升级而来的。康巴什新区的产业发展规划定位于装备制造业尤其是汽车制造业,与原有的产业基础脱节,也缺乏产业链上下游配套行业的支撑,是导致其产业发展滞后的重要原因。

第三,新城建成区的空间规划不宜展开过大,产业园区和生活空间不宜过度分散,生活空间要合理,切忌搞低密度的超级社区。

康巴什新区的经验教训表明,超级街区不适宜步行,新城居民不得不开车出行,对商圈发育起到了阻断作用,限制了新城的商业繁荣。建成区常住人口规模小、人口密度低、街区尺度过大,会成为商业服务业发展、商圈繁荣、城市功能完善的制约因素。

(二)雄安新区可以从康巴什新区学到的经验教训

作为以承接功能疏解为主要目的、政府主导的自上而下规划建设的新城新区,康巴什新区和雄安新区有许多相似之处,康巴什新区建设的经验教训对雄安新区有一定的借鉴意义。结合雄安新区的特点和现阶段面临的挑战,雄安新区应适度调整产业发展规划,因地制宜探索适合雄安新区的产业发展路径。

第一,适度松绑,允许自下而上的力量发挥作用,为市场机制提供空间。

在雄安新区设立的初期阶段,行政力量居于主导地位,起到了先行引导作用,而市场力量的作用相对滞后。雄安新区进入新发展阶段后,市场力量缺位的负面影响日益突显。为了更好地承接北京非首都功能疏解和大规模开发建设,雄安新区亟须补齐市场力量的短板,精准平衡行政逻辑和市场逻辑,摆脱过度依赖行政手段,让市场"看不见的手"与政府"看得见的手"各展其长,使市场力量和政府作用有机统一、相互补充、相互协调、相互促进。

从充分发挥市场机制作用的视角来看,雄安新区应当高度重视各类市场主体的培育与再造,加快培育符合新区功能定位的各类市场主体,允许市场主体自下而上发挥作用,激发新区内生增长动力,服务城市功能完善。

第二,适度调整产业发展定位,聚焦1—2个高新高端产业进行培育,允许传统产业生长,加快第三产业发展。

雄安新区的规划定位是承接非首都功能疏解,重点发展五大高端高新产业,但考虑到雄安新区既有产业基础薄弱,创新环境有待完善,短时间内高端高新产业全面发展的可能性不大。因此,雄安新区现阶段应聚焦1—2个高端高新产业赛道,重点培养,链式发展,尽快形成由龙头企业、中小企业、行业协会、大学、研究机构等组成的产业生态,获得产业发展的集群效应和生态效应。

与此同时,对传统产业不应采取简单的关停政策,而要给予一定的发展空间。部分传统产业通过技术改造、转型升级,可以与高端高新产业发展形成补充,提供更多就业岗位和财税贡献,为增强新区造血能力、保障民生作出贡献。对于确实不符合新区定位的原有企业,可通过政策杠杆,引导其转向生产性服务业、生活性服务业领域,促进城市服务功能完善和当地经济繁荣,也有助于雄安新区提升承接非首都功能疏解的能力。

第三,探索外部植入性产业与内生根植性产业的不同发展路径。

雄安新区产业发展既要根植内生优势,也需要发展外部植入性产业,两者的发展路径和演化规律不同。高端高新产业在雄安新区属于外部植入性产业,需要借船出海,借助北京、天津的产业基础,探索京津两地和雄安之间的共建共管共享新型合作机制。譬如,建立重大基础设施和公共服务项目建设的成本共担机制,通过设立区域规划委员会,统筹区域性开发建设;通过设置新区"共建资金池",推动京雄、津雄依据经济规模按比例注资等筹集建设资金;考虑建立京雄(或津雄)两地十年过渡期"阶梯税收分享"方案,疏解企业在北京或天津的税收留成比重逐年降低;GDP统计亦可考虑十年过渡期,采取京雄、津雄GDP统计分成。雄安新区既有的传统产业属于内生根植性产业,关键是要练好内功,深耕区域优势,同时广泛吸纳汇聚全国乃至全球的创新要素,构建产业创新生态系统,培育创新氛围,推动雄安新区传统产业转型升级。

参考文献

[1]冯兴元,何广文,等.中国民营企业生存环境报告2012[M].北京:中国经济出版社,2013.

管理篇

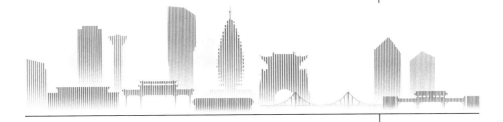

第六章　云上之城

——数字孪生助力雄安城市治理现代化

邹永华　虞佳玮*

一、引　言

2017年4月，党中央决定设立河北雄安新区，这是继深圳特区和上海浦东新区后我国第三个有全国意义的国家级新区，也将是"百年未有之大变局"下的高质量发展样本。高质量发展离不开创新、协调、绿色、开放、共享的理念[1]，而科技创新正是引领发展的第一动力，是推进城市治理现代化的重要支撑[2]。要全面落实创新驱动发展战略，推动各领域具有前瞻性的创新试点示范项目在雄安落地，需要着力打造自主创新能力，开展高水平的科技创新。

广泛运用新兴的科学技术，是雄安新区实现高质量发展目标的关键所在。随着数字时代的到来，云计算、大数据、人工智能等信息技术快速发展，利用数字孪生技术赋能城市治理现代化转型成为各个城市竞相探索的新方案。数字孪生技术与城市治理的有机结合可以有效应对大城市治理的复杂性，使城市治理问题情境化、治理方式智能化、治理流程精简化、治理主体多元化、人机互动实时化，显著提升了城市的数字化协同

---
* 作者简介：邹永华，浙江大学公共管理学院研究员、博士生导师，致力于用跨学科的方法研究房地产、城市规划、公共政策三者之间的相互影响机制。虞佳玮，浙江大学公共管理学院博士研究生。

治理能力。雄安新区从战略高度提出要利用数字孪生技术推进治理现代化,在建设实体城市的过程中同步推进数字孪生城市的建设,着力打造"云上之城",这也将是全球首个虚拟与现实同步建设的重要城市。

二、数字孪生城市的兴起

数字孪生是一种对物理事物的数字表示[3],也称为数字映射、数字镜像。它通过利用物理模型、传感器更新、运行历史数据等,集成多学科、多物理量、多尺度、多概率的仿真,在数字空间中完成对物理空间的映射,反映对应实体的全生命周期过程。作为在数字空间中对物理空间和社会空间的一种重新定义[4],数字孪生的概念最早可追溯到美国航天局的阿波罗计划。该计划为实现空间飞行器的正常安全运行,同时制造了两个完全相同的飞行器,将其中一个孪生体留存于地球上用于开展仿真试验来反映太空飞行器的实时状态。随着数字仿真技术的发展,迈克尔·格里夫斯(Michael Grieves)于2003年提出不同于实物状态"孪生体"的虚拟数字化表达,即"镜像的空间模型"和"信息的镜像模型",并于2011年提出与物理实体相对应的数字孪生体概念。

数字孪生技术体现为"表述—诊断—预测—决策"四个环节的循环交替。表述环节主要利用收集的多源异构数据对物理实体进行建模,形成机器可读的模型化模块和表述;诊断环节主要利用表述模块进行数据分析,发现对应物理实体在运行中的内在机制与发展规律;预测环节主要以诊断结果为依据做进一步深化,采用各类智能算法预测物理实体的发展趋势;决策环节即综合运用上述历史成果、现实需求与预测结果进行最终决策。[5]数字孪生技术也是一种源于仿真技术的"写实",它是一个涵盖全生命周期的高度动态的系统,有着统一的数据源,也避免了数据孤岛的问题。另外,它也可以凭借自身对环境的认知来对任务进行分解,主动对异常情况做出反应。数字孪生所存储的数据信息和所提供的数字模型将作为系统行动规划所需的模拟参考,使得系统对行动方案做出更灵活的自主决策。[6]

　　数字孪生技术在城市规划与治理领域的应用就是数字孪生城市。在较长的历史时期内,还原论作为经典科学方法的内核影响了人们对城市的认知,1933年国际现代建筑协会(CIAM)发表的《雅典宪章》是一个集中体现。时至今日,绝大多数城市仍然按照《雅典宪章》所推崇的还原论理念进行规划建设,带来了一系列的城市问题。20世纪上半叶,系统科学兴起,作为一种与还原论相对的科学理念,为城市认知带来了一次重要洗礼。1961年雅各布斯(Jacobs)在《美国大城市的死与生》中把城市定义为“有序的复杂(organized complexity)”[7],对城市复杂性的朴素认知也逐渐反映在城市与生物体之间的经典类比上。随着系统科学的发展,“城市模型”深受青睐。然而,批评者对城市模型所包含的理性、明确的决策在现实世界中的可行性提出了质疑,认为城市管理要求更强的系统性和综合性。从20世纪90年代开始,数字技术在城市环境中的实施对城市系统和城市生活的规划和管理逐渐产生影响[8],以数字孪生技术为依托的新型智慧城市建设也逐渐成为城市治理的重要议题。社会技术转型的理论观点认为,数字孪生城市是城市模型的延续,影响着城市系统内部和之间的社会技术转型,为治理系统的信息需求所驱动,这与当下城市治理固有复杂性的特征是一致的。[9]

　　顺应城市治理现代化的潮流,数字孪生技术也被广泛地运用于城市治理,基于一个与物理城市孪生的数字化虚拟城市体,可以推动城市治理向数字平台转化,使治理问题可视化、治理方式智能化、治理流程精简化、治理决策互动实时化。[10]物理世界与虚拟世界一一对应、相互映射的复杂系统,可以形成物理维度上的实体世界和信息维度上的虚拟世界同生共存、虚实交融的城市治理新格局。[11]

　　与数字孪生有关的城市构件可以概括为“感知端口—映射链路—耦

合网络"(如图6-1所示)。[12]作为一种自存和共存的空间形态,数字孪生城市呈现出几个特点:首先,数字孪生表现为一种精确的映射,是对物理系统的数字表达,这种映射不是静态的,而是包括记录、跟踪、模拟和主动控制。在城市领域,精确映射的范围通常包括以下四层:地形、建筑、基础设施和城市运营[13],数字孪生体会根据来自物理孪生体的数据进行动态更新。其次,数字孪生表现为一种双向交互,是数字系统和物理系统之间的双向流动,这一特征是数字孪生城市有别于传统城市的重要特征。[14]通过对数字孪生的动态更新和校准,可以根据预先设计的协议或管理目标来实现自动控制,交互于数字系统和物理系统之间的预测和自动反馈意味着远超过去城市治理的效率。此外,数字孪生城市还可通过感知、人工智能和计算能力来实现不同的时空尺度模拟,最大限度地防止系统故障。[15]

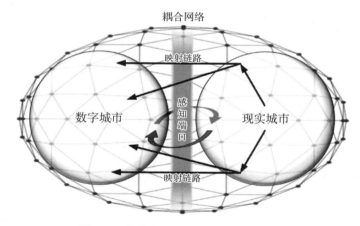

图6-1　数字孪生城市构建概念示意图

三、雄安新区的数字孪生城市实践

(一)雄安新区数字孪生城市的政策背景与特征

在雄安新区设立之初,中央政治局就强调要"同步规划建设数字城市,努力打造智能新区"。2018年《河北雄安新区规划纲要》指出:"坚持数字城市与现实城市同步规划、同步建设,适度超前布局智能基础设施,推动全域智能化应用服务实时可控,建立健全大数据资产管理体系,打造具有深度学习能力、全球领先的数字城市"[16],并在其官方解读中运用了"数字孪生城市"的表述。雄安新区从第一座建筑——管委会办公楼建设开始,其新建的建筑、公园、绿地和水系等都在建设之初便开始形成与之孪生的数字化建模,并实时同步更新。

"智慧雄安"总体框架[17]明确提出,要建设"地上一座城、地下一座城、'云'上一座城",这里的"云"指的就是数字孪生城市。雄安新区"'云'上一座城"的中枢设在雄安城市计算中心这个"城市大脑"中。[18]新区在开发建设实体城市的同时,构建了"一中心四平台"(即城市计算中心、块数据平台、城市信息模型平台、物联网平台、视频一张网平台)体系。

雄安"'云'上一座城"的目标是成为全球首个虚拟现实同步建设的数字孪生城市。[19]虽然数字孪生技术已应用于国内外不少城市的区域规划和项目建设中,但作为我国数字化时代高质量发展的样本,雄安新区对数字孪生技术的使用是最为全面和系统的。不同于以往智慧城市实践中的"赋予城市以智慧",雄安新区通过对物理城市的数字化记录和呈现,实现对城市复杂适应系统特性的认识、提取和应用。具体来讲,雄安新区的数字孪生城市具有以下特征。第一,数字孪生是全过程的写实,应用到雄安新区这样一个从一张白纸开始的全新城市,可以与实体城市同步规划、同步建设、同生共长,代表了完整的城市环境和过程状态;而现有的智慧城市方案通常只是在已有城市系统之上进行数字化优化和改造。第二,雄安新区数字孪生城市与实体城市具有同步的生命周期和建设时序,能随城市发展不断更新,从地上到地下,从生态环境到基础设施,从产业发展到公共服务,始终与城市建设发展中的问题、需求和任务共同迭代,是一个不断进化的生态系统;而现有的智慧城市实践通常局限于城市的某一项目、某一区域或某一时段,并非一个具备全景价值数据的生态系统。第三,雄安新区数字孪生城市是一个"城市实验室",一方面运用新兴技术汇总数据,识别和提取实体城市系统的发展特征和运行规律;另一方面将数字系统中的人工智能和实体系统中人的智慧虚实交互,为城市决策和治理提供了强大的支持。[6]

(二)雄安新区建设数字孪生城市的具体举措

数字孪生城市建设是一项高度复杂的工作。雄安新区要实现"'云'上一座城"的宏大目标,不仅需要各种技术创新,也需要各种制度创新,而技术创新与制度创新是相辅相成、相互影响的。对此,雄安新区采用多种措施来助力数字孪生城市建设,这些措施可以归结为技术支持和制度支持。

1.技术支持措施

数字孪生并不是一种通用技术,而是多种数字工具和方法在不同层级的综合运用(如图6-2所示)。[15]其中,使能层由用于收集、存储、处理和保护数据的通用技术和工具组成;中间信息和网络层主要为上层集成和平台层转换和处理数据,为数字孪生提供信息,并对目标服务系统执行主动控制;集成和平台层包括建模和仿真平台以及数据服务,主要负责为数字孪生城市治理平台提供收集到的数据。[15]

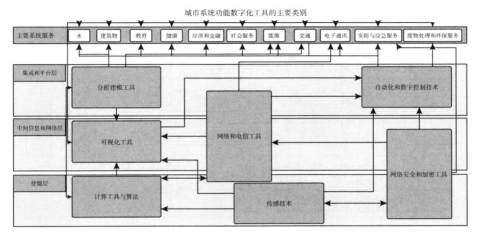

图 6-2　数字孪生城市功能及其工具

在技术层,数字孪生城市融合了大量通信技术,包括人工智能、机器学习、大数据、区块链、云计算、物联网和5G等技术(如图6-3所示)。[10]第一,人工智能通过符号来表达思维,解决了物理世界数字化的问题。第二,机器学习能力不断提高并且显现出自主学习的趋势,使得数字孪生对现实世界的表达更为真实。第三,数据作为数字孪生的基础,一方面通过数字建模将物理世界映射成虚拟世界,另一方面通过虚拟世界的模拟动态仿真实现对物理世界的分析决策,大数据技术又将孤立的数字系统连接起来,使得政策问题能够在数字孪生体中得到清晰呈现。第四,区块链技术使得数字孪生城市治理体现出去中心化逻辑,通过分布式DNS服务实现网络中节点之间的点对点数据传输,确保公共服务和基础设施的操作系统不被篡改,确保数据的完整性和真实性。第五,云计算、云服务等超强计算处理能力实现了治理功效的最大化,推动了优质数据结构的形成。基于大数据基础,进行快速及时的学习,实现经济、快速、高效的数据存储、计算和处理。

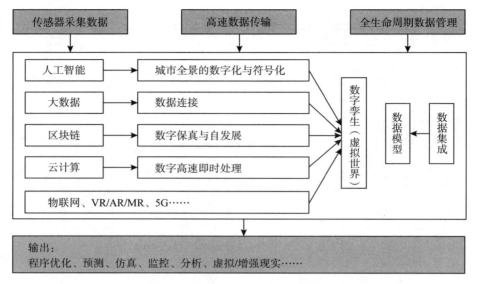

图6-3　数字孪生城市的技术构成

具体到雄安"'云'上一座城"的技术架构,雄安新区城市计算中心首先构建了"逻辑统一、物理分散"的基础云架构,形成了边(边缘计算)、云(云计算)、超(超级计算)、网(城市光网)多位一体的城市计算体系。这是雄安数字孪生城市运行服务系统的载体,为数字孪生城市的大数据、区块链、物联网、人工智能提供网络、计算、存储服务,可以助力雄安新区智慧化管理应用体系的构建。[20]

块数据平台构成了数字孪生城市的数据基底,支撑着雄安新区500余个数据库、150余个业务系统,以及数百亿条数据信息的管理、服务及应用,并开发出了多个应用场景,打通了部门间的信息壁垒,实现了资源数据的集成共享。它也是雄安新区的数据汇聚中心、数据管理中心、数据服务中心和AI赋能中心,不仅汇聚了新区政务、管理、服务等全域数据,还承担着统筹新区数据管理和实现数据融合等任务。[21]

城市信息模型平台以BIM为依托,构建了一套数据标准,以确保规划、建筑、市政、地质等多个专业指标的数据交换、不同建设阶段的数据应用与采集,实现了跨行业、跨部门、跨主体的规则贯通和全时空数据融合。这样,就构建了空天地一体化、室内外一体化的"云上之城",为新区数字化建设协同、智慧管廊、智慧社区等应用服务提供支撑。[22]

物联网平台是新区数字孪生城市的"神经末梢",接入45万个终端设备,为全域感知设备的统一接入、集中管理、远程调控提供数据支撑。

视频一张网平台则是新区视频数据的生产者、供给者、治理者和运营者,立足城市治理、环保水利、交通管理、科教文卫、社会服务等领域构建视频感知体系,进行城市治理场景的智能识别,提升了城市事件的发现效率和城市治理应对的及时性。

2.制度支持措施

雄安新区建设数字孪生城市,也离不开各种制度支持。只有技术与制度有效互动,才能充分发挥数字孪生技术的潜力。

第一,要建构具有敏捷性的制度,必须先构建组织层面的多元主体协同机制。[23]数字化协同治理理论的两个关键属性在于多元参与和相互依赖,国内学者对协同治理理论进行了本土化建构,重点强调执政党的领导属性和统筹协调属性。[24]雄安新区为数字孪生城市的建设构筑了完整的领导体系,坚持集中力量办大事的行为准则。[25]其中,"数字雄安"工作领导小组对新区数字经济工作进行统一领导,研究数字经济发展重大政策,统筹各部门力量形成上下协同推进数字经济发展的格局,并由新区数字城市建设领导小组办公室组织实施数字经济发展系列行动计划,推动与数字孪生城市有关的项目落地。

第二,雄安新区为数字孪生城市的落地开展了多项体制机制改革,努力发挥市场在资源配置中的决定性作用,同时也更好地发挥政府的引导作用。市场的主体地位有助于资源合理配置,同时政府也不断优化自身职能,为城市治理现代化创造良好的外部环境。例如,2017年10月,国家市场监督管理总局在雄安新区构建了大数据监管模型,搭建了统一的大数据监管平台，企业信息与其他政府部门实现互联共享，可以及时对城市治理相关的大数据进行综合研判。[26]

第三，雄安数字孪生城市建设拥有一支坚实的决策咨询团队。雄安新区作为国家"千年大计"，在决策与开发的每一步都能迅速借助外脑，汇集各方优势力量，为战略部署和重大问题提供决策支撑。此外，雄安新区邀请了国内外数字经济相关领域知名专家，组建雄安新区数字经济创新发展专家咨询委员会，充分发挥各领域的专业力量，将前沿的数字经济相关技术、商业模式、体制机制、政策等引入雄安新区，助力雄安城市治理的数字化和现代化。

第四，雄安新区在数字孪生城市方面获得了强大的政策支持。雄安新区在规划阶段就以供给侧结构性改革为主线，坚持世界眼光、国际标准、中国特色、高点定位。现有政策也赋予雄安新区更大的改革自主权，着力在创新发展和城市治理方面先行先试，通过各种政策引导技术创新，为数字孪生城市建设提供了强大支持。[27]

（三）数字孪生助力雄安城市治理现代化的效果

数字孪生城市治理，不仅是追求实现城市治理的数字化，而且希望通过"虚实互映"机制加强城市治理的自主性和智慧化水平（如图6-4所示）。[10]数字孪生如同在物理空间和数字空间之间构建了一个促进彼此融合并收发双重信号的"智慧大脑"，将现实问题在虚拟孪生体中呈现出来，并通过数字计算和推理实现完整表达与分析，经过反复模拟和调适找到治理方案，达到"以虚控实"的目的。现代化的城市协同治理需要依赖物理空间为其提供活动的载体，同时利用数字空间完成互动与联系。将数字孪生技术应用于协同治理意味着从"参与—依赖"两个维度对协同治理模式进行数字化升级。"参与"维度的数字化是指利用信息技术手段降低协同治理的参与门槛；"依赖"维度的数字化是指利用信息技术手段降低协同治理的协调难度，让集成依赖的主体在软件层上实现业务协同。

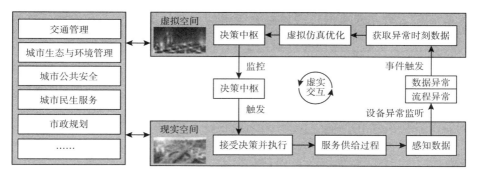

图 6-4　雄安新区数字孪生城市治理运行机制示意图

雄安新区作为一座高标准、高定位的未来之城,其城市治理问题呈现出多源异构的特征,信息的高速流动也使得许多城市相关的问题很难被全面展示。数字孪生通过仿真工具、物联网、虚拟现实等多种数字化手段,释放了信息的流动性,从而显著提升了雄安城市协同治理中的信息能力。具体来讲,数字孪生助力雄安城市治理现代化的效果主要体现在以下几个方面。

第一,数字孪生促进了雄安新区政府治理与政务服务的数字化,并通过"互联网+政务"的模式,推进跨系统、跨部门、跨业务协同,提供精准、定制的政务服务。[28]数字孪生从技术上形成数据集成,数据融合打破了常规的科层制结构与信息沟通模式,推动组织间协同合作。数字孪生治理从价值层面统领治理体系,优化了组织结构,精简了行政流程,形成了扁平化的城市治理组织体系。此外,数字孪生形成的数据系统是开放的,公众可以将自身感知加入数据系统,并且参与社会治理。依托数字孪生平台打造的高参与、高依赖的协同治理模式类似于奥斯特罗姆(Ostrom)教授提出的"共同生产"(co-production)模式,即借助数字孪生技术将不同组织中个体的投入转化为商品和服务。[29]政府则成为平台型政府,主要在维护平台和提供服务等方面发挥作用,有助于实现由政府、NGO、企业、公众等多元主体共同参与的协同治理。[30]

第二，数字孪生促进了雄安新区生活服务的数字化。开放性的数字建构最终反映在公共服务供给端上，区块链技术与人工智能产生了新的服务类别，这不是对实体社会的机械性照搬，而是多元化的服务供给方案的体现。数字孪生平台使得政府与公众之间的联系更为紧密，它们共同扮演着城市治理者和城市公共服务消费者的角色，迅速掌握实时特性，识别异常情况。[10]例如，依托物理空间与数字空间的交互映射，建设人车路协同的交通路网环境，推动人、车、路、停车场信息的实时共享，合理优化配置道路资源和出行路线，引导智能出行；通过线上线下的无缝对接，将政务服务、公交出行、就医购药等公共服务接口统一到"一张卡"中，极大地方便了人们的生活。

第三，数字孪生促进了雄安新区经济运行的数字化。依托物理空间与数字空间的交互映射，搭建经济运行综合统计平台，实时呈现、精准监测分析经济发展态势，并汇集政府、社会和第三方征信机构信用数据。此外，依托数字孪生的块数据平台，完善了区块链资金管理体系，确保项目资金全过程的可追溯、可查询，确保建设资金使用的高效、透明，实现从项目可研、投资概算到竣工全流程数据的标准化和融通共享。

第四，数字孪生提升了雄安新区城市运行的数字化。机器学习等技术带来了高复杂度与高性能的算法规则，结合数字孪生中的数字系统可编辑、可分析、可建模，雄安新区的创新可以事先在数字孪生平台上试验，避免了在物理空间的高试错成本，也可对线下创新活动进行复盘评估，提高城市运行的智能化水平。依托物理空间与数字空间的交互映射，全方位部署人车路感知终端，识别预测车辆轨迹、道路路况、交通客流，自动调节信号灯配时，动态调配路权，有效疏导交通流量。此外，依托数字空间的城市大脑，建立人机协同的执法模式，实现了"综合执法一网统管"。

第五，数字孪生提升了雄安新区城市安全的数字化。依托物理空间与数字空间的交互映射,建立虚实互动的智能安防体系,针对社会综合治理等领域挖掘安全风险线索,分析安全风险规律,预判高危风险,智能匹配出警方案。依托数字空间的城市大脑建设突发事件综合指挥系统,推动信息共享和业务协同,提升突发事件的监测预警、指挥救援、分析研判水平,减少自然灾害、群体性事件、安全生产事故等突发事件的危害。[31]

四、结　语

雄安新区作为我国高质量发展的样板城市,在技术和制度双轨合力的支持下,通过数字孪生技术,实现了数字空间与真实社会的相互映射,为实体城市的建设和发展创造了较好的试错容错机制,有效地助推了城市治理现代化。同时,数字孪生技术也为数字空间独立于物理和社会空间运行创造了条件,并且实现了数字空间对物理和社会空间的反向资源分配[4],有效提升了城市的协同治理能力。数字孪生城市为雄安新区这样一个巨大且复杂的综合性社会试验提供了完整而明晰的技术图景,赋予了雄安新区未来城市治理的各种美好想象。

雄安新区的案例显示,要打造"云上之城",须从数字孪生的框架角度来进行思考和谋划,通过"虚实互映"的耦合机制加强城市治理的自主性和智慧性,把技术准备、制度保障和城市复杂性更好地结合起来。此外,在数字化治理场景下,也需要进一步探讨中国情境下的"共同生产",强化技术、制度与不同利益相关者的有机协同。在一个差异化、多元化、信息高速流动、技术快速更迭的社会中,数字孪生仍是一片蓝海,在赋能未来城市治理方面具有无限的潜力。

雄安新区数字孪生城市的建设与发展也面临诸多挑战。在我国,"5G+数字孪生技术"仍面临不少关键技术"卡脖子"的制约,数字孪生城市的场景应用开发在深度与广度上仍有不足。此外,一个安全的数字孪生系统必须促进对个人隐私、国家秘密、商业利益和知识产权的保护。[3]

雄安新区在数字技术与城市治理的融合中也需要以产业全生命周期的治理思维,实现城市治理模式的变革。城市治理最终要以人为中心,数字理念与人本理念的融合是技术创新与制度创新的前提。人本理念的嵌入有助于缓和治理行为的形式化,弥合数字技术的悬空化。[23]雄安新区的数字孪生公共服务平台在社会多元主体的合作行动中还需要进一步拓展,数字孪生城市治理中数字系统与社会系统也需要进一步融合,向全要素数字化和孪生化的目标迈进,发挥"云上之城"的优势和潜力,更好地助力雄安新区城市治理体系和治理能力的现代化。

参考文献

[1]习近平. 决胜全面建成小康社会夺取新时代中国特色社会主义伟大胜利——在中国共产党第十九次全国代表大会上的报告[M]. 北京:人民出版社,2017.

[2]科技创新是高质量发展的强大动能——"科技创新与高质量发展理论研讨会"综述[EB/OL]. (2019-07-01) [2023-11-01]. http://www. qstheory. cn/dukan/qs/2019-07-01/c_1124690396. Htm.

[3]Bolton A,Enzer M,Schooling J et al. The gemini principles:guiding values for the national digital twin and information management framework[R]. Centre for Digital Built Britain and Digital Framework Task Group,University of Cambridge,Cambridge,2018.

[4]黄璜,谢思娴,姚清晨,等. 数字化赋能治理协同:数字政府建设的"下一步行动"[J]. 电子政务,2022(4):2-27.

[5]郭娴. 数字孪生在城市治理中的应用研究[J]. 新型工业化,2021(10):35-37,44.

[6]周瑜,刘春成. 雄安新区建设数字孪生城市的逻辑与创新[J]. 城市发展研究,2018(10):60-67.

[7]雅各布斯.美国大城市的死与生[M].金衡山,译.北京:译林出版社,
2005:393-410.

[8]Cowley R,Caprotti F.Smart city as anti-planning in the UK[J].
Environment and Planning D:Society and Space,2019(3):428‐448.

[9]Nochta T,Wan L,Schooling J M et al.Digitalisation for smarter
cities:moving from a static to a dynamic view[J].Proceedings of
the Institution of Civil Engineers-Smart Infrastructure and
Construction,2018(4):117‐130.

[10]向玉琼,谢新水.数字孪生城市治理:变革、困境与对策[J].电子政
务.2021(10):69-80.

[11]中国信息通信研究院CAICT.以数字孪生城市推动新型智慧城市建设
[EB/OL].(2018-01-02)[2023‐11‐01].https://www.sohu.com/a/
214256385_735021.

[12]梁兴辉,张旭冉.治理现代化视角下数字孪生城市建设机制与路径研究
[J].高科技与产业化,2022(2):52-57.

[13]White G,Zink A,Codecá L et al.A digital twin smart city for
citizen feedback[J].Cities,2021,110:103064.

[14]Wright L,Davidson S.How to tell the difference between a model
and a digital twin[J].Advanced Modeling and Simulation in
Engineering Sciences,2020(1):1‐13.

[15]Wan L,Nochta T,Tang J et al.Digital twins for smart cities:
conceptualisation, challenges and practices [M]. London: ICE
Publishing,2023.

[16]雄安新区:全域实现数字城市与现实城市同步建设[EB/OL].(2022-07-
17)[2023‐11‐01].http://www.xiongan.gov.cn/2022-07/17/c_
1211667661.htm.

[17]张旭东,齐雷杰,王敏,等.从规划亮点看雄安"未来之城"[J].资源导

刊,2019(9):54-55.

[18]高标准高质量建设雄安新区|孪生共建向改革创新要动力[EB/OL].
(2023-04-01)[2023-11-01].https://hebei.hebnews.cn/2023-04/
01/content_8974984.htm.

[19]雄安"城市大脑"这样打造——聚焦雄安新区"五新"系列报道[EB/OL].
(2021-04-20)[2023-11-01].http://www.xiongan.gov.cn/2021-04/
20/c_1211118241.htm.

[20]霍少轩,刘淼."云上雄安"雄姿初现[N].河北经济日报,2023-
04-06(7).

[21]雄安新区四周年:全球首个数字孪生城市领航数字中国新蓝图[EB/
OL].(2021-04-01)[2023-11-01].https://new.qq.com/rain/a/
20210401A04GZ000.

[22]杨滔,杨保军,鲍巧玲,等.数字孪生城市与城市信息模型(CIM)思辨:以
雄安新区规划建设BIM管理平台项目为例[J].城乡建设,2021(2):
34-37.

[23]翁士洪.技术驱动与科层统合:城市治理数字化转型的交互机制[J].中
国行政管理,2023(6):42-50.

[24]单学鹏.中国语境下的"协同治理"概念有什么不同?——基于概念史
的考察[J].公共管理评论,2021(1):5-24.

[25]求是网.中国特色社会主义制度和国家治理体系具有显著优势[EB/
OL].(2019-12-01)[2023-11-01].http://www.qstheory.cn/dukan/
qs/2019-12/01/c_1125288476.htm.

[26]建科院."数字雄安"建设全力启动,将探索形成"雄安模式"[EB/OL].
(2017-10-11)[2023-11-01].https://www.jiemian.com/article/
1675376.html.

[27]中华人民共和国中央人民政府.中共中央 国务院关于支持河北雄安新区全
面深化改革和扩大开放的指导意见[EB/OL].(2019-01-24)[2023-11-01].

https://www.gov.cn/gongbao/content/2019/content_5366472.htm.

[28]曾渝,黄璜.数字化协同治理模式探究[J].中国行政管理,2021(12):58-66.

[29]Ostrom E.Crossing the great divide:coproduction,synergy,and development[J].World Development,1996,24(6):1073-1087.

[30]陈潭,陈芸.面向人工智能时代的政府未来[J].中国行政管理,2020(6):57-64.

[31]河北雄安新区管理委员会印发《关于全面推动雄安新区数字经济创新发展的指导意见》的通知[EB/OL].(2022-08-06)[2023-11-01].http://www.xiongan.gov.cn/2022-08/06/c_1211673859.htm.

第七章　承接疏解与府际财政安排

赵志荣　熊　敏*

本章主要研究雄安新区在京津冀协同发展中的政府间财政安排,包括雄安新区与北京市、天津市以及河北省周边地区的财税收入分享、支出预算分担和地方债务统筹等。雄安新区的建设目标是成为北京非首都功能疏解集中承载地,并着力于在城市治理、创新发展、公共服务和生态环境等方面先行先试。新区与相关和周边地区在财政收支和基础设施投融资等方面形成合理妥善的政府间财政安排,是区域协同发展的重要保障,有利于促进区域合理分工和合作交流,辐射带动京津冀地区高质量发展。

本章在实地调研和专家研讨的基础上,分析了雄安新区的政府间关系,重点研究了在财税、预算和地方债务等方面的财政安排。具体而言,本章梳理了雄安新区设立的政策背景,并分析了新区的发展现状和面临的现实问题。然后重点针对雄安新区与北京市、天津市以及河北省周边地区的财税收入分享、支出预算分担和地方债务统筹三个方面,总结现有发展状况,探讨存在问题,并提出政策建议。

---

　　* 作者简介:赵志荣,浙江大学公共管理学院院长、教授,主要研究领域为公共管理、公共财政和城市治理等。熊敏,浙江大学公共管理学院博士后,主要研究方向为可持续发展投融资、公私伙伴关系、政府合作和网络化治理等。

一、雄安新区的政策背景

设立河北雄安新区,是以习近平同志为核心的党中央深入推进京津冀协同发展作出的一项重大历史性战略选择。依据《河北雄安新区规划纲要》(2018)(以下简称《纲要》)和《河北雄安新区条例》(2021)(以下简称《条例》),雄安新区要建设成为新时代高质量发展的全国样板,发展成为绿色生态宜居新城区、创新驱动发展引领区、协调发展示范区和开放发展先行区。雄安新区不仅是"北京非首都功能疏解集中承载地",还要发挥对河北省的辐射带动作用,深入推进京津冀城市群协同发展。新区的建设与发展由京津冀协同发展领导小组统筹指导,由河北省委、省政府担负并履行规划建设的主体责任。

(一)雄安新区的设立,旨在实现承接疏解的功能

《纲要》指出,雄安新区作为北京非首都功能疏解集中承载地,与北京城市副中心分别形成北京发展的两翼,共同承担解决北京"大城市病"的功能。根据北京市与河北省签署的《关于共同推进河北雄安新区规划建设战略合作协议》(2017)(以下简称《协议》),北京市在雄安新区建设高水平幼儿园、小学、完全中学(包含初中及高中教育)和综合医院。按照《条例》,雄安新区重点承接在京高等教育机构、科研院所、医疗信息金融等专业服务机构、央企总部等企事业单位的疏解。

(二)雄安新区的设立,也要发挥对河北省的辐射带动作用

雄安新区是河北省管辖的国家级新区,其规划范围涉及河北省雄县、容城、安新三县行政辖区及周边部分区域。按照《纲要》,通过连接雄安新区与张北地区,形成河北新时代发展的两翼,有利于补齐京津冀区域发展的短板。依据《条例》,河北省委、省政府履行雄安新区建设开发的主体责任,新区享有"自主发展、自主改革和自主创新"的管理权限。

（三）雄安新区的设立,有利于深入推进京津冀城市群协同发展

根据《条例》,雄安新区通过加强区域交流合作,促进与北京市、天津市以及周边地区合理分工,辐射带动京津冀地区协同发展,打造要素有序自由流动、主体功能约束有效、基本公共服务均等、资源环境可承载的区域协调发展示范区,推进建设京津冀世界级城市群。在基础设施建设方面,建立连接雄安新区与北京市、天津市及周边地区的轨道和公路交通网,加强教育、医疗、文化等公共服务基础设施建设。在生态环境治理方面,通过与周边地区建立协同治理长效机制,推进重点流域水污染、大气污染、生态系统修复等方面协作。此外,加强各领域政策措施之间的统筹配套和协同治理。

二、雄安新区的发展现状

目前,雄安新区正处于大规模开发建设和承接北京非首都功能疏解同步推进的重要阶段。自2019年进入全面建设阶段以来,新区重大交通基础设施建设稳妥推进,如京雄城际铁路实现全线贯通、"四纵三横"对外高速公路骨干路网全面形成。[1]一批标志性疏解项目正在加快落地,央企在雄安新区设立分支机构百余家,北京市支持新区建设的学校和医院即将投入使用。[2]此外,新区交通一体化和公共服务共享化建设加速推进了京津冀区域的协同发展。

（一）雄安新区承接非首都功能疏解现状

1.北京企业加速在雄安新区落户

雄安新区超八成注册企业来自北京。截至2022年4月,在雄安新区本级注册的北京投资来源企业已有3600余家,占总量八成以上。[3]中国星网集团、中国中化控股有限责任公司和中国华能集团是首批落户雄安

新区的央企,已完成总部选址并启动建设程序。中国电信雄安互联网产业园等市场化疏解项目已开工建设。央企已在雄安设立分公司、子公司及各类分支机构100余家,主要涉及基础设施建设、前沿信息技术、先进生物技术等领域。[2]就高成长性科技企业而言,已有142家中关村高科技企业在新区设立分支机构。[4]为加速北京企业在新区落地,新区为北京注册企业开辟了线下绿色通道。

2.雄安新区逐步引进北京优质教育与医疗资源

按照北京市与河北省签署的《协议》内容,北京市支持雄安新区"三校一院"交钥匙工程项目已进入合作办学办医新阶段。2023年9月,雄安北海幼儿园、雄安史家胡同小学和北京四中雄安校区开学纳新;同年10月,雄安宣武医院开诊运行。[2]在"三校一院"项目成功移交后,北京还需向新区提供进一步的办学和办医支持,切实提升其教育和医疗水平。此外,《条例》提出了在京高等教育机构向新区的疏解,但这方面的工作还有待加快落实。

(二)雄安新区推进京津冀区域协调发展现状

1.京津冀交通一体化初步实现

随着雄安新区交通建设不断完善,京津冀地区的联结更加畅通。雄安高铁站自2018年12月开工建设,于2020年12月投入使用。京雄城际铁路全线贯通,实现"京津1小时通达"。目前,雄安新区三条高速公路正式通车,总长545公里,连接雄安和北京、天津、石家庄等地的"四纵三横"对外高速公路骨干路网基本建成。[2]京津冀交通一体化建设有助于雄安新区深入推进区域协调发展。

2.京津冀共享公共服务加速发展

雄安新区不仅获得了来自北京的资源支持,还加快引入京津冀区域内的优质教育和医疗卫生资源,京津冀开放共享的公共服务体系建设起势良好。在教育方面,自2018年起,新区已有61所各级各类学校与京津冀59所优质学校建立了帮扶合作关系。在医疗卫生方面,已有90所京津冀知名医疗卫生机构与新区各类医院结对帮扶,帮助新区医院开展多项新技术的应用。[5]此外,新区也加强了其在冀中南乃至整个河北的辐射带动作用,初步形成了"雄安研发、周边转化"的发展格局。[4]

三、雄安新区功能疏解和区域协调的现实问题

雄安新区自设立以来,稳妥推进北京非首都功能的承接与疏解,积极促进京津冀区域协调发展。然而,新区的开发建设是一项复杂而庞大的系统性工程,仍面临着诸多挑战。在北京非首都功能疏解方面,目前新区高端高新产业的引进与《纲要》中确立的发展定位仍有较大差距,而且吸纳高端人才并为之配套公共服务的行政壁垒还未打破。在推进区域协调发展方面,新区与北京以及京津冀城市群的关系仍有待厘清与理顺。

(一)雄安新区功能疏解的现实问题

1.高端高新产业发展不充分

(1)雄安新区的产业基础仍以低附加值的传统产业为主

新区保留的一部分传统产业,如纺织服装、制鞋、毛绒玩具等,正面临着改造提升和转型升级。还有一部分传统产业依照《传统产业转移升级工作的实施方案》(2022)提出的"总部+基地"协同发展模式,一方面,在新区建设总部基地聚集设计与研发等功能;另一方面,向区外的河北省周边地区转移一般性加工制造环节。此外,将一批不符合新区产业定位的污染制造企业关停取缔。

(2)雄安新区新兴产业引进缓慢

现阶段,新区发展高端高新产业仍缺乏必要的内生动力,主要依靠外部资源和新兴产业植入来构建产业生态系统。然而,目前新区土地使

用权的出让对象仍以央企、国企和省级投资建设集团为主,民营企业参与程度较低。因为新区目前还处于大规模开发建设阶段,且市场化程度不高,对资金周转需求较大的民营企业大多采取观望态度。

2.人才吸纳的配套公共服务缺位

雄安新区的公共服务水平仍有待提高,对北京非首都功能疏解转移人口的吸引力有限。新区在高端人才储备上基础较为薄弱,其开发建设的持续输血主要依靠北京高端人才资源的输入。北京作为中国政治中心、文化中心、国际交往中心和科技创新中心,其基本公共服务和社会保障水平居于全国领先地位。新区于2021年底出台了《河北雄安新区居住证实施办法(试行)》和《河北雄安新区积分落户办法(试行)》,建立以居住证为载体的公共服务提供机制,实行积分落户制度,且优先保障北京非首都功能疏解人口的转移。但是,新区的教育、医疗、住房保障、养老服务等公共服务及相应的办事便利和福利待遇仍与北京存在较大差距,未能有效从北京吸纳非首都功能疏解的人口转移。目前,仍有相当一部分参与新区开发建设的企事业单位员工居住在北京和天津,针对这部分人群的配套公共服务的行政壁垒还未打通,新区在人才吸纳方面仍面临严峻挑战。

(二)雄安新区区域协调的现实问题

1.与北京的财税关系有待厘清

北京非首都功能的疏解伴随着税收基础的空间转移,因此,雄安新区和北京之间存在税收竞争的张力。待疏解的北京非首都功能涉及教育机构、科研院所、医疗信息金融等专业服务机构以及高科技企业和大型国有企业总部等。其中,在税收方面矛盾尤为突出的是在京企业总部。根据企业所得税汇总纳税的基本规定,企业总部缴纳税收占一半企业所得税,剩余一半在各分支机构间分摊。这些非首都功能疏解机构的迁出对北京意味着GDP和地方税收的大量流失。如果缺乏恰当的税收安排，将不利于京雄两地之间的合作，从而影响非首都功能疏解的进程。因此，为了切实推进北京非首都功能向雄安新区疏解，两地之间的财税关系亟须厘清。

2.对河北省周边地区的辐射作用有待加强

雄安新区地处京津冀区域腹地的关键区位，区位优势明显，在京津冀区域内具有"承上启下"的关键作用。作为北京非首都功能疏解集中承载地，新区最主要的功能是承接来自北京的产业、机构和项目，但仅仅依靠在京资源的迁入仍不足以深入推进京津冀区域的协同发展。新区需要着眼于整个京津冀区域，不仅要引入来自北京的优质资源，还需加强与天津的全面合作，而且还要充分发挥对河北省的辐射带动作用，推动河北省各地融入京津冀城市群的协调发展。自设立以来，随着京雄城际铁路全线贯通和"四纵三横"高速公路骨干路网全面建成，雄安新区的建设发展改变了京津冀区域空间联系上的松散状态，有利于资金、人才、信息、技术等要素在区域内的流动。然而，其对河北省周边地区的辐射带动作用还相当有限。尽管新区已经外迁了部分传统产业，也带动一些科技成果在周边地区转化投产，但在补齐区域发展短板方面仍有待完善。

四、雄安新区府际财政安排：现状、问题和政策建议

合理的财政安排是雄安新区实现高质量发展的重要保障。新区旨在承接北京非首都功能疏解，且深入推进京津冀城市群协同发展。无论是功能疏解还是区域协调，都离不开财政的大力支持。新区和北京之间存在税收竞争的张力，阻碍了在京企业向新区迁移。处理好两地间的税收共享是推动功能疏解的重要前提。在区域协调方面，为了实现京津冀城市群的协同发展，需要建立区域性责任的共担共建机制。本部分首先分析新区财政收支的现状，其次提出其面临的现实问题，最后基于府际财政关系，从税收安排、支出协调和融资统筹三个方面提出政策建议。

（一）雄安新区财政收支现状

本部分收集了 2018—2020 年雄安新区的财政决算情况，重点分析 2020 年全区财政收入、支出和债务现状。依据新区 2020 年全区财政决算情况的相关报告，新区预算收支包含一般公共预算、政府性基金、国有资本经营预算和社会保险基金四部分。本部分分析了一般公共预算和政府性基金（"两本预算"）的收支决算情况，详见表 7-1。

表 7-1　雄安新区 2020 年全区财政决算情况

	科目	一般公共预算		政府性基金		两本预算合计	
		金额（亿元）	占比（%）	金额（亿元）	占比（%）	金额（亿元）	占比（%）
收入	税费收入	42.4	7.1	71.6	15.4	114.0	11.5
	税收收入	37.9	7.2	—	—	37.9	3.8
	非税收入	4.5	0.9	71.6	15.4	76.1	7.7
	转移支付收入	219.7	41.7	100.2	21.5	319.9	32.2
	政府债券转贷收入	—		—		398.6	40.2
	一般债券	150.6	28.6	—	—	—	—
	专项债券	—	—	248.0	53.3	—	—
	上年结转	63.8	12.1	27.2	5.8	91.0	9.2
	调入资金	40.0	7.6	18.6	4.0	58.6	5.9
	动用预算稳定调节基金	10.0	1.9	—	—	10.0	1.0
	收入总计	526.5	100	465.6	100	992.1	100
支出	项目支出	363.2	81.1	364.7	90.1	727.9	85.3
	城乡社区	132.1	29.5	18.2	4.5	150.3	17.6
	教科文卫	36.3	8.1	0.0	0	36.3	4.3
	节能环保	36.0	8.0	—	—	36.0	4.2
	社会保障与住房保障	21.8	4.9	0.0	0	21.8	2.6
	农林水	18.6	4.2	—	—	18.6	2.2
	一般公共服务	14.5	3.2	—	—	14.5	1.7
	债务发行及偿还	13.0	2.9	18.6	4.6	31.6	3.7

续表

科目		一般公共预算		政府性基金		两本预算合计	
		金额（亿元）	占比（%）	金额（亿元）	占比（%）	金额（亿元）	占比（%）
支出	公共安全	6.2	1.4	—	—	6.2	0.7
	交通运输	4.4	1.0	—	—	4.4	0.5
	市政基础设施建设	—	—	327.8	81	327.8	38.4
	其他	80.3	17.9	0.1	0.0	80.4	9.4
	转移支付支出	0.6	0.1	—	—	0.6	0.1
	政府债券转贷支出	15.6	3.5	—	—	15.6	1.8
	调出资金	18.6	4.2	40.0	9.9	58.6	6.9
	安排预算稳定调节基金	50.5	11.3	—	—	50.5	5.9
	支出总计	448.5	100	404.7	100	853.2	100
结转下年		78.0		60.9			

注：数据来自《河北雄安新区2020年区本级和全区财政决算公开》。

一般公共预算和政府性基金的收入均主要来源于转移支付收入和政府债券转贷收入。新区一般公共预算收入总额约530亿元。其中转移支付收入占总收入的40%左右，地方政府一般债券转贷收入约占总收入的30%，而税收收入仅占总收入的7%左右。在税收收入中，超过50%来自耕地占用税，即因占用耕地进行建设活动而征收的税收；约18%来自针对货物和劳务销售的增值税；约9%来自针对转移土地和房屋权属的契税；约6%来自针对出售和有偿转让土地使用权和建筑活动的土地增值税。这样的税收结构反映出新区仍处于开发建设的初级阶段。非税收入占总收入比例不足1%，反映了除建设活动以外其他活动的缺失。一般公共预算收入中的其余部分来自上年结转和调入资金等，约占总税收收入的20%。政府性基金包含向特定对象征收的资金，专项用于特定公共事业的发展，总额约470亿元。其中55%源自地方政府专项债券，近20%来自转移支付，约15%来自国有土地使用权出让，其余10%来自上年结转和调入资金。

雄安新区的财政支出主要投向市政基础设施和城乡社区公共设施的开发建设。新区一般公共预算支出总额约450亿元。其中城乡社区支出约占总支出的30%,主要用于城乡社区的公共设施、环境卫生及规划与管理等。相比而言,社会保障与住房保障、一般公共服务和教科文卫合计支出占总支出比例不足20%。而且,在其他支出项目大体完成预算的情况下,一般公共服务支出的预算完成度较低,仅为50%左右。政府性基金支出总额约400亿元,其中市政基础设施建设支出占总支出的80%左右,包括近270亿元由专项债券安排的支出(248亿元由河北省转贷的新增专项债券),主要用于征地拆迁安置、高铁站枢纽等重点片区开发、重大交通工程等基础设施建设等;由抗疫特别国债安排的近60亿元,用于重大区域规划基础设施建设。此外,城乡社区支出约占5%,债务发行及偿还支出约占5%。

值得指出的是,政府债券转贷收入虽统计在财政收入中,但其本质是由新区负责偿还的新增债务。2020年,对比新区新增债务和一般公共预算的税费收入,新增债务(398亿元)是一般公共预算税费收入(42.4亿元)的9倍多。在新增债务中,约60%来自专项债券,用于新区的大规模开发建设,如征地拆迁安置等重点片区开发、高铁站枢纽等重大交通工程建设等;其余约40%为一般债券。当年新区共有债务余额1103亿元,一般公共预算和政府性基金中用于债务发行及偿还的支出共计近30亿元,接近新区当年一般公共预算的税收收入(详见表7-1)。

(二)雄安新区财政面临的问题

1.财政收入方面的问题

目前雄安新区自身财税"造血"功能明显不足。一是高度依赖上级转移支付。一般公共预算中,税费收入共计约42.4亿元,转移支付收入约219.7亿元,由此得出财政自给率约为16.2%。政府性基金的财政自给率约为41.7%。这两本预算合计的财政自给率约为26.3%,远低于全国地方政府的财政自给率（约60.0%）。[6]二是税费的收入结构不完善。税收收入超过半数来自因占用耕地进行建设活动而征收的税种。非税收入占一般公共预算总收入比例接近于零。总体来看，新区的财政收入主要依赖初级开发建设活动，缺乏土地二次开发增值收益及经营性收入。

2.财政支出方面的问题

在财政支出方面，雄安新区存在明显的结构性失衡，显现出"重建设、轻服务"的问题。本研究对比了新区和北京市12个市区的主要支出占比情况。①新区用于重大市政基础设施建设的支出约占40%，比北京市各市区的相应占比高出数倍。②新区用于教科文卫的支出仅占支出总额的4%左右，显著低于北京市各市区的相应水平。③新区用于社会保障与住房保障的支出约为3%，相较而言，低于北京市各市区的平均水平（约10%）。新区用于一般公共服务的支出比例约为2%，不到北京市各市区平均水平的一半。

3.政府债务方面的问题

在政府债务方面，雄安新区面临着还债负担日益加重的风险。国际上通用的衡量债务压力的三个指标是负债率、债务率和偿债率。负债率是政府债务余额和地方GDP的比值，2020年新区共有债务余额1103亿元④，GDP为259亿元，由此得出其负债率约为426%，远高于国际上常用的政府债务的风险控制标准（60%）。[7]债务率是政府债务余额和当年综合财力的比值，2020年新区综合财力约为430亿元，包含两本预算的税费与转移支付收入，其债务率约为257%，已超过资不抵债的警戒线（100%）。偿债率是偿还债务本息额和当年综合财力的比值，用于衡量当期偿债压力，一般警戒线为20%。新区2020年债务付息支出额约为30亿元，相当

---

① 北京市石景山区、房山区、平谷区和密云区2020年全区财政决算情况暂无公开数据。
② 除通州区用于重大市政基础设施建设的支出约占14%，其他市区该比例均在5%以下。
③ 北京市各市区用于教科文卫的支出占支出总额的10%—30%。
④ 雄安新区地方政府债券数据来源于万得资讯金融数据库（Wind）。

于当年综合财力的7%。但这个比率尚未包括偿还本金的支出额。截至2020年,新区共有一般债券和专项债券14只,期限5至30年不等。其中,2030年前到期的债券余额为475亿元。按期满之前的7年平均,折合每年需偿还本金约68亿元,由此计算得到的偿债率约为23%,超过一般警戒线。而且,新区的当年综合财力中,转移支付收入约占74%,因此新区的债务偿付能力主要建立在转移支付收入的基础上。若无法维持现有的上级补助规模,新区将面临较大的债务风险。

(三)雄安新区府际财政安排的政策建议

长期稳定持续多元的资金来源是推动雄安新区城市发展的重要保障。目前新区在财政上高度依赖上级转移支付和政府债务收入,自身"造血"功能不足,且偿还债务的负担日益加重。为了解决新区面临的这些问题,根本上需要处理好政府与市场的关系,以充分发挥市场机制在资源配置中的决定性作用。然而,目前最为紧迫的是妥善安排地方政府间的财政关系,以实现新区和北京的税收共享以及和京津冀周边地区的支出共担。本章重点讨论了基于府际关系的新区税收安排、支出协调和融资统筹,并提出相应的政策建议。

1.雄安新区承接非首都功能疏解的税收安排

按照《条例》,待疏解的北京非首都功能涉及教育机构、科研院所、医疗信息金融等专业服务机构以及高科技企业和大型国有企业总部等。目前仅有3家央企落户新区,另有部分央企在新区设立分支机构100余家。企业迁移推进缓慢的原因是北京市政府推动企业迁出的积极性不高。大型国有企业总部和高科技企业是北京市政府增值税和企业所得税的主要征收对象,而这些企业的迁出伴随着财税在短时间内的大量流失。为了促进非首都功能疏解目标的实现,并且兼顾北京的财税收益,本章提出京雄两地在过渡期内的"阶梯税收分享"方案。

本方案的适用范围包括与地方税收密切相关的以下非首都功能疏

解对象：①软件和信息服务、设计、创意、咨询等领域的优势企业，以及现代物流、电子商务等企业总部；②银行、保险、证券等金融机构总部及其分支机构；③新一代信息技术、生物医药和生命健康、节能环保、高端新材料等领域的中央管理企业，以及创新型民营企业、高成长性科技企业；④符合雄安新区产业发展方向的其他大型国有企业总部及其分支机构。不包括《条例》规定的其他疏解对象，如在京教育机构、科研院所、医疗等专业服务机构等。

本税收分享方案设置10年过渡期（2023—2032年），分别针对在京企业总部和分支机构的疏解提出不同的税收分享方法。

第一，针对搬迁的在京企业总部，纳入分享范围的税种包括增值税和企业所得税。如果按照现有规定，迁移后企业的增值税和企业所得税收入将会全部被纳入新区财税收入。针对此部分收入，本方案提出京雄两地逐年递减的分享方式，详见表7-2。对于2023年在雄安完成工商和税务登记变更的企业总部，其当年产生的增值税及企业所得税收入的地方所得部分100%归北京市所有。此后北京市留成比重按10%的幅度逐年递减，剩余部分归新区所有。从2033年开始，所涉增值税及企业所得税收入归新区所有。对于2024年开始迁移的企业，当年由北京市和新区按9∶1的比例分享有关收入，后续年份北京分享比例依次递减。之后迁移的企业以此类推。

第二，针对搬迁的分支机构，税收分享对象包括增值税收入的地方所得部分和企业所得税收入的地方所得部分中，由分支机构所在地享有的50%。[①]对于2023年在雄安完成工商和税务登记变更的企业分支机构，其当年产生的分享方案所涉税收收入全部归北京市所有。此后北京市的留成比重按10%的幅度逐年递减，剩余部分归新区所有。从2033年开

---

① 根据企业所得税汇总纳税的基本规定，企业总部和各分支机构按照5∶5的比例缴纳税收。如参照现有规定，分支机构迁移后，企业所得税收入的50%归雄安所有。本分享方案针对这部分收入也采取逐年递减的分享方式。

始,所涉收入全部归新区所有。对于2024年开始迁移的企业,当年由北京市和新区按9:1的比例分享有关收入,后续年份北京分享比例依次递减。之后迁移的企业依此类推。

表7-2　相关税收的北京留成比重(单位:%)

时间	2023年	2024年	2025年	2026年	2027年	2028年	2029年	2030年	2031年	2032年	2033年
2023年	100	90	80	70	60	50	40	30	20	10	0
2024年		90	80	70	60	50	40	30	20	10	0
2025年			80	70	60	50	40	30	20	10	0
2026年				70	60	50	40	30	20	10	0
2027年					60	50	40	30	20	10	0
2028年						50	40	30	20	10	0
2029年							40	30	20	10	0
2030年								30	20	10	0
2031年									20	10	0
2032年										10	0
2033年											0

注:针对搬迁的在京企业总部,税收分享对象包括增值税和企业所得税收入的地方所得部分;针对搬迁的分支机构,分享对象包括增值税收入的地方所得部分和企业所得税收入的地方所得部分中,由分支机构所在地享有的50%。

本方案参考了国内府际税收分享的若干实践。在2015年财政部和国家税务总局公布的《京津冀协同发展产业转移对接企业税收收入分享办法》中,设定了企业迁入地和迁出地在五年过渡期内税收五五分成的方案。所涉税种包括增值税、企业所得税和营业税。该方案还设置了企业迁出前三年内年均缴纳“三税”大于或等于2000万元的门槛,但实际符合该条件的企业数量较少,税收分成的实施并未达到预期。因此,本章提出的京雄两地税收分享方案并未设置对企业规模的要求。

在2011年深汕特别合作区设立的税收分享办法中,合作区产生的地方级税收由深圳市、汕尾市和合作区按25%、25%和50%的比例分成。为了扶持合作区建设,在2011—2015年,深圳、汕尾两市将各自所得分成全额返还合作区,之后五年两市将各自所得分成的50%返还合作区。但是,2017年的政策调整取消了原有的税收分享方案。本章提出的京雄两地税收分享方案包含十年过渡期。为了在新区发展初期充分调动北京市的积极性,头几年企业迁移后产生的税收收入在北京留成比例较高,之后逐年递减。同时,方案依据企业迁移的起始时间设置了阶梯式分享比例。随着企业迁移时间的推后,新区当年分享的税收比例逐渐提高。

2.雄安新区与周边地区的财政支出协调

作为区域协调发展示范区,雄安新区的部分基础设施与公共服务辐射整个京津冀地区。然而目前新区的开发建设高度依赖中央转移支付,来自周边地区的支持较少。[①]本章基于"区域共担共建"的基本原则,针对新区财政支出在设施受益方面的空间分布特征,分三种类型提出新区与周边地区的财政支出协调方案。

第一,对受益对象主要局限于新区范围之内的支出项目,例如城乡社区的管理事务、社区规划、公共设施和环境卫生等,原则上由新区的自有财政收入承担。

第二,对在新区建设且同时服务于周边地区的支出项目,如国家级科研院所、高端医疗机构、环境污染防治设施等,应建立各方之间的"协商共担"机制。一是财政分担。针对特定公共设施,根据受益的空间分布情况,由新区和周边地区"一事一议"商定具体支出比例。二是资源帮扶。在教科文卫和社会保障方面,通过派驻专业技术人才、提供援助物资等方式,推动京津两地优质资源对新区的支援,尽快提高新区的区域服务能力。

---

① 如在2020年雄安新区一般公共预算收入中,河北省补助新区21亿元,仅占当年新区转移支付收入的10%左右。

第三,对区域性的重大基础设施建设工程的支出项目,如城际轨道交通、高速公路路网等,应建立京津冀区域范围内的"协同共建"机制。这些重大设施促进生产要素的自由流动,有利于京津冀的经济社会发展,应由三地共同承担。建议设置"新区共建资金池",根据京津冀三地的经济规模按比例注资,并设立区域规划委员会,统筹新区的区域性开发建设。[①]

3.雄安新区功能疏解和区域协调的融资统筹

雄安新区的初期开发建设已累积大量债务,几个主要债务压力指标均超过一般警戒线水平。过去五年新区仅需每年支付债务利息,但从2023年开始,部分期限较短的政府一般债券进入本金还债期,因此债务筹划迫在眉睫。本章基于债务发行、债务偿还和社会资本投融资三个方面,提出调整和完善新区债务管理制度的政策建议。

（1）债务发行

目前,新区的地方政府债券主要由河北省转贷,由新区每年支付利息,到期一次性偿还本金。依据新区的功能定位和发展阶段,应明确不同的债务发行主体,完善用债项目评估。

首先,新区作为非首都功能疏解的集中承载地,在一定意义上也是北京的"飞地"。新区的初期开发建设成本须由北京和雄安共同承担,建议由北京为新区代发部分地方政府债券。

其次,雄安作为国家级新区,其设立不仅是深入推进京津冀协同发展的重大决策部署,而且是推动高质量发展先行先试的全国样板。建议对新区部分重大基础设施项目采用国债转贷的融资方式,充分发挥国债信用等级高、流动性强、发债成本低的优势,为新区现阶段的大规模开发建设筹集资金。

最后,建议加强对地方债拟发行项目的评估,做好风险把控。结合

---

① 此建议参考了《长江三角洲区域一体化发展规划纲要》(2019)提出的财税分享机制。该方案设立由沪苏浙财政按比例注入的开发建设资本金,统筹用于区内建设。

新区的财务状况和项目的财务报表，限额批准其债务融资规模，并完善债务的全过程管理。

（2）债务偿还

截至2022年5月，新区共有地方政府债券24笔（见表7-3），面临巨大的偿债压力。新区2020年一般公共预算税费收入之和约为45亿元，而在未来两年内，每年需偿还本金近55亿元。在2025—2030年期间，每年需偿还本金达80亿元之多，仅靠新区自身财力显然无法承担。本章区别不同的到期年限和债券类别，提出中央配套偿还和新区自行偿还两种主要形式，讨论展期偿还和分期偿还的条件与可能性。

表7-3　雄安新区地方政府债券及建议偿还方式

债券简称	类别	总额（亿元）	期限（年）	到期年份	建议偿还方式
2018河北41	一般	60	5	2023	中央和新区1∶1配套
2019河北38	一般	50	5	2024	中央和新区1∶1配套
2018河北42	一般	90	10	2028	中央和新区1∶1配套
2018河北43	专项	30	10	2028	新区自行偿还
2019河北39	一般	100	10	2029	中央和新区1∶1配套
2019河北41	专项	40	10	2029	新区自行偿还
2020河北22	一般	105	10	2030	中央和新区1∶1配套
2018河北44	专项	80	10	2031	新区自行偿还
2019河北42	专项	55	10	2031	新区自行偿还
2020河北39	一般	15	10	2031	新区自行偿还
2018河北45	专项	30	10	2032	新区自行偿还
2019河北43	专项	12	15	2036	新区自行偿还

债券简称	类别	总额（亿元）	期限（年）	到期年份	建议偿还方式
2020河北25	专项	100	20	2038	新区自行偿还
2020河北44	专项	60	20	2039	新区自行偿还
2021河北10	一般	45	20	2040	新区自行偿还
2021河北16	专项	20	30	2048	新区自行偿还
2021河北38	一般	150	30	2049	新区自行偿还
2021河北39	专项	150	30	2050	新区自行偿还
2021河北40	专项	98	30	2050	新区自行偿还
2021河北51	专项	100	30	2051	新区自行偿还
2021河北64	一般	103	30	2051	新区自行偿还
2021河北65	专项	50	30	2051	新区自行偿还
2022河北23	一般	215	30	2051	新区自行偿还
2022河北37	专项	100	30	2052	新区自行偿还

注：数据来自万得金融数据库（Wind），债券按到期时间先后排序。

对于2023—2024年即将到期的两笔一般债券（总额为110亿元），建议由中央和新区1:1配套偿还。2025—2030年到期共有五笔地方债券。其中三笔为一般债券，总额约300亿元，仍由中央和新区1:1配套偿还；剩余两笔为专项债券，总额为70亿元，建设由新区自行偿还。对于这两笔债券中有净现金流收入的项目，如有必要可考虑展期偿还，即采取借新还旧的方式，通过发行再融资债券来偿还到期债券的本金。对于2030年以后到期的政府债券，原则上由新区到期自行偿还。新区未来新增的地方政府债券里，如到期一次性偿还本金的压力过大，也可考虑本金分期偿还的方式，以平滑债券存续期内的偿债压力。

（3）社会资本投融资

新区还应探索多元化的基础设施投融资方式，充分利用社会资本的力量，以缓解地方债务压力。根据基础设施的类型和市场化融资方式的可行性，本章提出以下三点建议。

第一，对交通、能源、市政工程等领域且在运营阶段能产生净现金流的物质性基础设施，可采用"建造—运营—移交"（BOT）类的PPP"特许经营"模式进行项目融资。由私有部门融资、设计、建造该公共设施，获得长期的运营特许经营权，并从中获利，合同结束后将设施还给新区。

第二，对医疗、教育、科技等领域的公共服务项目，可采用政府购买服务的"委托运营"和"管理合同"模式。"委托运营"是指社会资本负责公共资产运营和维护，但不提供用户服务的合作模式。"管理合同"是指社会资本既负责公共资产运营、维护，也提供用户服务的合作模式。[8]以上两种模式一般采用使用者付费的方式，必要时政府提供一定补贴。

第三，对居住、办公、商业等房地产类公共设施项目，可适度放开建设开发及运营管理的市场。例如可采用"捆绑开发"的模式，引入私营资本参与设施建设和后期经营活动。由企业与新区分担前期建设的部分成本，或二者共享资产升值和物业运营的收益。[9]对该类公共设施项目的捆绑开发，还可采取公募REITs（不动产信托投资基金）的模式。通过证券化方式，将不动产资产或权益转化为标准化的金融产品，吸引更广泛的社会投资者的参与。

五、结　语

雄安新区的设立，旨在承接北京非首都功能的疏解，深入推进京津冀协同发展，成为高质量发展的先行示范区。六年来，新区建设取得了一定进展，但也面临着一些现实问题。在功能疏解方面，尽管已有一些央企分支机构在新区注册，但总体而言企业迁移仍推进缓慢。而且因新区的配套公共服务水平不足，影响了功能疏解转移人口在新区的落户。在区域协调方面，京津冀交通一体化已初步实现，但新区面临着与北京之间税收竞争的张力，对京津冀区域的辐射作用仍有待加强。

合理的财政安排是新区实现功能疏解和区域协调发展目标的重要

保障。新区的开发建设高度依赖上级转移支付和债务融资,在公共支出上存在"重建设、轻服务"的结构性失衡。此外,因前期建设积累了大量的债务负担,新区还面临着沉重的债务偿还压力。本章从府际财政关系角度出发,在财税收入分享、支出预算分担和地方债务统筹三个方面,分别提出政策建议。在税收安排上,提出京雄两地在十年过渡期内的"阶梯税收分享"方案,消减了北京对企业外迁造成税收流失的顾虑,有利于促进非首都功能疏解目标的实现。在支出协调方面,坚持"区域共担共建"的基本原则。针对服务于周边地区的支出项目,建议建立新区和各方之间的协商共担机制;针对区域性的重大基础设施建设项目,建议由京津冀地区协同共建。在债务管理方面,调整和完善相关制度。在债务发行上,依据新区的功能定位和发展阶段,明确不同的债务发行主体,完善用债项目评估;在债务偿还上,根据到期期限与债券类别,建议分别采用到期中央配套偿还、自行偿还、展期偿还和分期偿还四种方式;除此之外,通过探索BOT、公共服务类PPP和捆绑开发等多元化的基础设施投融资模式,充分利用社会资本,减轻新区债务负担。

参考文献

[1]郭东.雄安新区重点项目建设进入"快车道"[N].河北日报,2022-03-24.

[2]田恬.雄安新区承接北京非首都功能疏解起势良好——承接疏解步伐稳妥有序[N].河北日报,2022-04-12.

[3]今年年底!雄安启动区"四梁八柱"将全部建成![EB/OL].(2022-04-14)[2022-05-21].http://www.xiongan.gov.cn/2022/04/14/c_1211636617.htm.

[4]雄安新区——协同发展开新篇[N].人民日报,2022-04-03.

[5]齐雷杰.北京援建雄安新区的"三校一院"办学开诊起势良好[EB/OL].(2023-10-25)[2024-07-02].http://www.he.xinhuanet.com/20231025/752a

e3d1a4a84506b6334829c748f2de/c.html.

[6]李正,张晓玉,郭冀川.中国财政科学研究院研究员赵全厚:雄安新区尚处投资建设阶段专项债券投入担任重要角色[N].证券日报,2020-11-15.

[7]李华林.财政部:政府债务水平负债率指标45.8%,风险总体可控[N].经济日报,2021-12-16.

[8]谈婕,赵志荣.政府和社会资本合作:国际比较视野下的中国PPP[J].公共管理与政策评论,2019(3):62-72.

[9]Zhao Z J,Das K V,Larson K.Joint development as a value capture strategy for public transit finance[J].Journal of Transport and Land Use,2012(1):5-17.

第八章　京雄两地城市新型合作机制探讨

石敏俊*

一、京雄两地开展区域合作的基础：可能性与必要性

（一）北京城市发展新方位

《北京市国民经济和社会发展第十四个五年规划和二〇三五年远景目标纲要》（以下简称"北京'十四五'规划"）指出，北京市正在从聚集资源求增长转向疏解功能谋发展，从单一城市发展转向京津冀协同发展，要促进北京在更大范围优化配置资源，更好发挥核心城市的辐射带动作用。具体来说，要抓住疏解非首都功能这个"牛鼻子"，以减量倒逼集约高效发展，推动北京城市副中心和河北雄安新区两翼齐飞，增强与天津、河北联动，构建现代化都市圈，建设以首都为核心的世界级城市群。

（二）雄安新区发展新阶段

自2017年4月设立河北雄安新区以来，雄安新区建设取得了重大阶段性成果，新区建设和发展顶层设计基本完成，基础设施建设取得重大进展，疏解北京非首都功能初见成效，白洋淀生态环境治理成效明显，深化改革开放取得积极进展，产业和创新要素聚集的条件逐步完善。

* 作者简介：石敏俊，浙江大学雄安发展中心主任，浙江大学城市发展与低碳战略研究中心主任，城市发展与管理系主任，浙江大学求是特聘教授，博士生导师，研究方向为城市网络与城市系统、空间经济与区域发展、应对气候变化的城市减碳和适应策略、生态产品价值实现。

随着雄安新区进入新阶段，当前雄安新区的主要任务主要有二：一是扎实推动疏解北京非首都功能各项任务落实，坚持市场机制和政府引导相结合，项目和政策两手抓，通过市场化、法治化手段，增强非首都功能向外疏解的内生动力。二是努力建设新功能、形成新形象、发展新产业、聚集新人才、构建新机制，使雄安新区成为新时代的创新高地和创业热土。

前者要求雄安新区紧紧抓住疏解非首都功能这个"牛鼻子"，进一步完善承接疏解政策和软硬件配套条件，加快推进实施一批标志性疏解项目，聚力打造北京非首都功能疏解集中承载地。后者要求雄安新区加快培育产业发展，强化造血机制，完善城市功能，特别是着力推动创新链产业链深度融合，围绕产业链部署创新链，加大科技成果转化力度，促进高新技术产业发展。

应当说，推动京雄两地的区域合作，一方面是京津冀协同发展战略的题中应有之义，另一方面也符合北京和雄安新区的发展需求。

二、京雄两地区域合作面临的挑战

（一）产业发展定位的冲突

首先，京雄两地的产业发展定位存在一定的竞争和冲突。

《河北雄安新区规划纲要》第五章"发展高端高新产业"中提到的关于承接北京非首都功能疏解的内容包括：

在高等学校和科研机构方面，重点承接著名高校在新区设立分校、分院、研究生院等，承接国家重点实验室、工程研究中心等国家级科研院所、创新平台、创新中心。

在医疗健康机构方面，重点承接高端医疗机构在雄安新区设立分院和研究中心，加强与国内知名医学研究机构合作。

在金融机构方面,承接银行、保险、证券等金融机构总部及分支机构,鼓励金融骨干企业、分支机构开展金融创新业务。

在高端服务业方面,重点承接软件和信息服务、设计、创意、咨询等领域的优势企业,以及现代物流、电子商务等企业总部。

在高技术产业方面,重点承接新一代信息技术、生物医药和生命健康、节能环保、高端新材料等领域的央企以及创新型民营企业、高成长性科技企业。支持中关村科技园在雄安新区设立分园区。

"北京市'十四五'规划"第七篇第四章指出,北京要打造更具活力的高精尖产业,包括:大力发展新一代信息技术产业;做大做强医药健康产业;加快发展新能源智能网联汽车产业;打造绿色智慧能源产业;量子信息、新材料、人工智能、卫星互联网、机器人等未来产业;聚焦工业互联网、车联网等领域,提升软件和信息服务业融合力、支撑力;引进一批有国际影响力的法律、会计、管理咨询、金融保险、风险防控、争议解决等专业服务机构;打造具有国际竞争力的数字产业集群;提升科技金融、供应链金融、普惠金融、文化金融、基础设施金融等金融业核心竞争力,建立国家金融科技风险监控中心、全球金融科技创新中心。

"北京市'十四五'规划"第六篇"纵深推动京津冀协同发展"指出,北京要主动支持雄安新区建设,具体内容包括:

第一,支持雄安新区健全承接功能。

一是推动非首都功能向雄安新区转移。支持部分中央在京行政事业单位、总部企业、高等学校等向雄安新区有序转移,促进北京中心城区、北京城市副中心与雄安新区错位联动发展。二是发挥北京优势助力提升公共服务水平。三是加快直连直通基础设施建设。

第二,加强京雄产业创新协同。

一是引导科技创新资源向雄安新区发展,支持北京企业拓展产业合作空间,发展高端高新产业。二是加快建设雄安新区中关村科技园,与北京错位联动发展。三是鼓励有意愿的在京企业有序向雄安新区转移发展。支持市属国有企业在市政基础设施、城市运行保障等领域以市场化方式参与雄安新区规划建设。四是持续选派优秀党政干部到雄安新区任职、挂职,支持高层次专业技术人才、高技能人才到雄安新区工作。

由上可见,雄安新区拟承接的北京非首都功能疏解的产业门类与北京市拟打造的高精尖产业存在高度重合,而北京拟向外疏解的非首都功能与雄安新区拟承接的非首都功能在产业门类上存在显著的错位。这对高端高新产业自发从北京向雄安新区疏解带来了困难。目前,有意愿向雄安新区转移发展的在京企业数量并不多。

(二)雄安新区高端高新产业的现有基础和配套条件欠缺

当前,雄安新区高端高新产业的现有基础薄弱。雄安三县的原有企业现有产业以服装业、包装业等劳动密集型产业为主,企业规模偏小,技术含量低,严重依赖当地廉价生产要素,研发能力弱,产品附加值低,大多处于产业链价值链低端,与高端高新产业的规划定位相差甚远。

同时,雄安新区发展高端高新产业的配套条件也较为薄弱。譬如,高端高新产业所需人力资本欠缺,常住人口中大专及以上文化程度人口仅占5.95%,高层次人才数量少、比例低;研发设计与技术服务、信息服务、金融服务、人力资源管理和培训等生产性服务业发展滞后,难以支撑高端高新产业发展。

雄安新区高端高新产业的现有基础和配套条件欠缺,对高端高新产业自发从北京向雄安新区疏解也造成了困难和制约。

三、构建京雄两地新型区域合作机制

(一)新型区域合作机制的核心是共建共管共享

构建以共建共管共享为核心的京雄两地新型区域合作机制,可以为推动北京非首都功能向雄安新区疏解提供持久的经济激励。通过共享机制实现利益协调,通过共建、共管模式实现功能衔接,有共享才能带动共建、共管。

深汕特别合作区在广东省政府的指导和推动下尝试构建共建共管共享的新型区域合作机制,形成了"汕尾所有、深圳所用,汕尾管辖、深圳开发,汕尾发展、深圳拓展,汕尾空间、深圳形象"的区域合作模式。一是共建共管。汕尾的鹅埠、小漠、鲘门、赤石四镇被划给合作区代管,经济建设事务交由合作区管委会统一管理。二是利益共享。合作区产生的地方税收在扣除按体制规定的获益部分后,深圳市、汕尾市和合作区三方按照25%、25%、50%的比例分成。2011—2015年,深圳、汕尾两市将各自所得分成全额返还给合作区,2016—2020年,深圳、汕尾两市将各自所得分成的50%返还给合作区。合理的利益共享机制有利于调动合作区建设各方的积极性,也有利于合作区建设初期的资本积累。

京雄两地可以积极探索共建共管共享的新型区域合作机制。譬如,北京与雄安新区可签订GDP和税收共享协议,激励北京推动优质产业链向雄安新区整体迁移,共享企业信用等公共数据,协助新区建立完备的涉企惠企服务。雄安新区可出台用地、税收等方面的优惠政策,激励率先迁移的优质企业加快落户雄安新区。

由于京雄两地跨省级行政区,完全靠京雄两地政府自发协商共建共管共享的新型区域合作机制可能存在较大困难,建议由中央政府牵头,探索以共建共管共享为核心的北京与雄安新区横向政府间协作机制。

(二)设立京雄特别合作示范区,试行共建共管共享的新型区域合作机制

京雄两地新型区域合作机制可采取分步走的策略,先开展试点示范。雄安高铁站附近的昝岗片区可以利用京雄高铁的便利交通条件,先行先试,推动京雄两地产业合作。

建议在雄安高铁站附近的昝岗片区划定一定的地域范围,设立京雄特别合作示范区,示范区内采取特殊政策,试行共建共管共享的新型区域合作机制。在总结示范区试点经验的基础上,逐步推广至雄安新区全域。

(三)加快改善配套条件,为高端高新产业发展创造条件

在高端高新产业发展的初期阶段,建议选择少数产业链为重点对象,在要素保障、市场需求、政策帮扶等方面,以"链长制"的方式精准发力。一是在产业链引进初期以"建链""补链"为目标制定产业链图谱,改善产业发展的配套条件,特别是研发设计与技术服务、信息服务、金融服务、人力资源管理和培训等生产性服务业,促进产业链上下游融通协同发展;二是推动创新链产业链深度融合,围绕产业链部署创新链,加强与国内外高校、科研院所等创新主体的深度合作,搭建专业化技术交易市场,加大科技成果转化力度,促进高新技术产业发展。

(四)广泛吸纳国内外创新要素,聚集京雄两地以外的力量参与推动雄安新区高质量发展

2023年5月,习近平总书记在视察雄安新区时指出:"要打造市场化、法治化、国际化一流营商环境,研究出台一揽子特殊支持政策,广泛吸引、聚集国内外力量和资本参与雄安新区建设和发展,形成人心向往、要素汇聚、合力共建、共同发展的生动局面。"[1]丁薛祥副总理要求着力建设京津冀协同创新共同体,创新利益分享模式,吸纳和集聚更多创新要素资源参与推动雄安新区高质量发展。[1]雄安新区建设是千年大计、国家大事,绝不是雄安新区一家的事,也不能完全依靠承接北京的非首都功能疏解,而是要广泛吸纳国内乃至全球的创新要素,聚集国内国际力量,参与推动雄安新区高质量发展。

综上,应当鼓励京雄两地以外的力量参与京雄两地的区域合作,制

定相应的激励政策,汇智聚力建设"妙不可言、心向往之"的"未来之城",形成人心向往、要素汇聚、合力共建、共同发展的生动局面。

参考文献

[1]习近平在河北雄安新区考察并主持召开高标准高质量推进雄安新区建设座谈会[EB/OL].(2023-05-10)[2024-05-15].http://www.news.cn/politics/2023-05/10/c_1129604626.htm.

第九章 京津冀协同发展的现实难题、思路转向与路径探索

2014年2月26日,习近平总书记主持召开座谈会,专题听取京津冀协同发展工作汇报。[1]2015年4月30日,习近平总书记主持召开中央政治局会议,审议通过《京津冀协同发展规划纲要》[2],京津冀协同发展上升为区域重大战略。2019年1月18日,习近平总书记在京津冀三省市考察后发表了重要讲话,他指出:"过去的5年,京津冀协同发展总体上处于谋思路、打基础、寻突破的阶段,当前和今后一个时期进入到滚石上山、爬坡过坎、攻坚克难的关键阶段。"[3]这意味着京津冀协同发展进入新的阶段。党的二十大以来,在加快构建以国内大循环为主体、国内国际双循环相互促进的新发展格局下,京津冀协同发展既要回应新发展格局下的新要求,又要面对协同发展新阶段的新转向。自2023年5月10日习近平总书记第三次考察河北省雄安新区以来[4],京津冀协同发展的步伐明显加快,在产业协同发展、省际边界地区一体化合作、高标准建设雄安新区、协同监督等方面先后发布了9个文件,并于2023年7月20日成立了京津冀协同发展联合工作办公室,作为专门机构推动落实京津冀协同发展,进一步理顺京津冀协同发展的体制机制。

京津冀地区作为国家战略空间,具有对内和对外两种功能。对内,

---

* 作者简介:李姗姗,中央财经大学财经研究院副研究员、区域政策与规划研究中心主任。王伟,中央财经大学政府管理学院副教授、城市管理系主任。

京津冀是引领高质量发展的动力源,是"中国式现代化建设的先行区、示范区";对外,将京津冀建设成世界级城市群,意味着需要提升其国际竞争力,参与全球竞争。然而,从京津冀发展的现实来看,一方面,它是中国区域非均衡发展的典型地区[5],三地在经济发展质量、创新发展能力、基本公共服务均等化水平、对外开放程度和体制机制改革力度等多个方面存在绝对差距;另一方面,三地在发展空间、技术转化、高端制造、生态保护等多个维度存在需求互补,具备合作基础。因此,要在人口经济稠密的非均衡发展地区解决区域协同问题,既需要充分尊重市场经济基本规律,又需要各级政府大力推动。政府在规划引领下,制订阶段性行动计划,拆解任务,分步骤、有重点、有目标地推动京津冀协同发展的各项事务。京津冀协同发展的阶段性演进,不仅受到政府外力作用,更受到市场经济和社会发展自身规律影响,需要识别京津冀协同发展中面临的现实难题,判断政府推动京津冀协同发展的思路转向,并提出解决路径。

一、京津冀协同发展的建设成效

京津冀协同发展在市场经济和"有为政府"的共同作用下,通过对功能疏解、互联互通和跨域治理三大重点领域的不断深入,提升了京津冀地区的综合竞争力,缩小了京津冀三地间的发展差距。京津冀协同发展战略的实施是政府推进区域协调发展的重大实践,从顶层设计到实施方案,都有明确的发展目标和时间安排。

(一)雄安新区建设成效

雄安新区的建设探索了一条"科学规划引领建设未来之城"的道路。在《河北雄安新区规划纲要》这一顶层规划下,编制了《河北雄安新区总体规划》等4个基础性规划和26项专项规划,历时数年形成了"1+4+26"的规划体系,2020年起进入大规模建设阶段。区域空间建设实施以生态治理为引领，围绕白洋淀生态环境治理，通过"引黄入冀"、南水北调等补水工程和流域系统性治理，恢复白洋淀"华北之肾"的功能。在"先植绿、后建城"理念下，"千年秀林"工程推动绿化造林46万亩（约306平方公里）。治理水环境、营建绿色空间、恢复生物多样性等一系列生态环境工程奠定了雄安新区"生态之城"的基底。城市空间建设以各类重点项目为支撑，对外交通基本建设完成，京雄高速（北京至雄安）、京德高速（北京大兴国际机场至山东德州）、荣乌高速（荣成至乌海），以及京雄城际高铁已通车，规划中的"四纵三横"公路网①、"四纵两横"铁路网②、京津冀核心区"1小时交通圈"和区域内部通勤交通网逐步形成。市政设施日益完善，高规格综合管廊、数字城市设施等初具规模。民生工程快速推进，部分安置房已交付使用，"三校一院"交钥匙项目③建成交付。

（二）北京城市副中心建设成效

以完善城市综合功能为目标建设北京城市副中心。行政办公、商务服务和文化旅游是北京城市副中心的三大主导功能，保持千亿元以上投资强度全面推动城市副中心建设。首批市级机关陆续迁入，学校和医院等一批优质公共服务资源投入使用，带动相关功能和人口有序疏解。以环球影城主题公园建设运营、运河商务区、特色小镇建设等为代表的商务服务和文化旅游功能雏形初现。

（三）基础设施建设成效

作为率先突破的重点领域之一，京津冀交通基础设施一体化建设和发展取得了极大的成效。[6]在《京津冀协同发展交通一体化规划（2014—

---

① "四纵三横"公路网：京港澳高速、大广高速（大庆至广州）、京雄高速（含大兴机场北线高速支线）、大兴机场至德州高速四条纵向高速；荣乌高速新线、津雄高速（天津至雄安）、津石高速（天津至石家庄）三条横向高速。

② "四纵两横"铁路网：京广高铁、京港台高铁雄商段、雄商—石雄城际、新区至北京新机场快线四条纵向铁路；津保铁路、津雄城际—京昆高铁忻雄段两条横向铁路。

③ "三校一院"：北海幼儿园、史家胡同小学、北京市第四中学、宣武医院。

2020)》《京津冀协同发展交通一体化规划（2019—2035年）》等专项规划的引领下，"四纵四横一环"①交通网络格局的实现，极大地提升了京津冀地区的连通力，轨道交通、公路交通、机场群和港口群在三地的统筹规划下，定位明确、错位发展，使交通基础设施建设成为京津冀协同发展的突破口。[7]在新型基础设施建设方面，京津冀作为算力网络国家枢纽节点的重点建设区域，在天津市西青区及河北省保定市、廊坊市等多地建立大数据中心，在北京亦庄建设云计算数据中心，围绕怀来大数据中心建设算力网络等，为京津冀地区的数字经济合作奠定了基础。

（四）跨域协同治理成效

京津冀三地围绕区域交通一体化、区域生态环境联防联控、区域产业协作和转移三个重点领域，清单式地推进京津冀协同发展。尤其是在公共领域，通过清单式治理能够实现对管理目标的精准化施策，也为厘清"政府—市场—社会"之间的关系提供了解决方案。[8-9]例如，在生态环境治理方面，京津冀三地合力推进压减燃煤、控车节油、清洁能源改造等减排措施改善大气环境质量；通过官厅水库建设、密云水库上游集水区生态水源保护林营造，逐渐形成生态水源保护林等。2023年6月签订的《推进京津冀生态环境联建联防联治走深走实的行动宣言》，确定了首批10项24条措施协同治污清单。再如，北京市发展和改革委员会于2018年发布《北京市推进京津冀协同发展2018—2020年行动计划》，之后每年发布推进京津冀协同发展工作要点。政府部门以强大的推动力和执行力，推进非首都功能有序疏解、重大项目落地实施、环境保护精准施策和公共服务共建共享。[9]与清单式治理相对应的是具体政策和措施执行时专项资金的划拨、使用、管理和补偿。例如，北京市与河北省每五年签署

---

① "四纵"即沿海通道、京沪通道、京九通道、京承—京广通道；"四横"即秦承张通道、京秦—京张通道、津保通道和石沧通道；"一环"即首都地区环线通道，有效连通环绕北京的承德、廊坊、固安、涿州、张家口、崇礼、丰宁等节点城市，缓解北京过境交通压力。

一轮《密云水库上游潮白河流域水源涵养区横向生态保护补偿协议》，天津市与河北省每三年签署一轮《关于引滦入津上下游横向生态补偿的协议》等。这种一事一议的方式提高了施策和资金投入的精准性，但缺乏统一性、长效性、法制性框架，使企业、社会组织难以主动对接，增加了政府间议事和施政的成本，也限制了社会资本进入。清单式治理与地方治理水平有直接关系，从行动计划、工作要点、重点项目等清单发布的数量和频率可以看出，京津冀三地中只有北京市每年会发布推进协同发展的各项清单，天津市与河北省鲜有发布，增加了部门间、地区间的协调难度。[10-11]

二、京津冀协同发展面临的现实难题

在区域协同取得多方面进展的同时，京津冀地区除了存在三地发展不平衡、产业链协作水平不高、大气污染反复、区域治理机制不完善、缺乏协同动力等老问题，也产生了一些新问题。主要体现在结构维度、关系维度和制度维度三个方面。

（一）结构维度

1.投入产出结构失衡

非首都功能疏解进入新阶段，集中疏解力度的加大，意味着北京市的减量发展不仅在于人口密度降低、用地规模缩小，也在于形成稳定的新增长点之前会短期影响北京经济绝对增长。在京津冀地区经济规模占全国比重持续下降的背景下①，更需要增强北京的辐射带动作用，稳定其对京津冀的带动作用。

2.产业功能结构失衡

天津市与河北省的产业竞争力有所减弱，尤其是河北省的产业结构

---

① 国家统计局《中国统计年鉴2022》。

固化,阻碍其承接北京疏解出的高端产业,也不利于激发市场主体活力。自2014年起,河北省产业规模大、发展前景好、产业链条体系完整、品牌优势明显、公共服务体系健全、产业集聚度高、行业协会健全、管理组织健全的县、镇,可申请省级特色产业名县、名镇。在历年评选中,以纺织、箱包等劳动密集型工业为主,技术含量较高的制造业占比极少。与此同时,河北省淘宝村和淘宝镇的数量上升。2021年,河北省淘宝村的数量仅低于浙江、广东、山东和江苏四省,淘宝镇的数量仅低于浙江、江苏、广东三省(如图9-1所示)。这表明虽然河北省的市场主体活力较高,但主体规模偏小、规模以上企业数量偏少、技术水平偏低,与北京和天津两市产业差距较大。

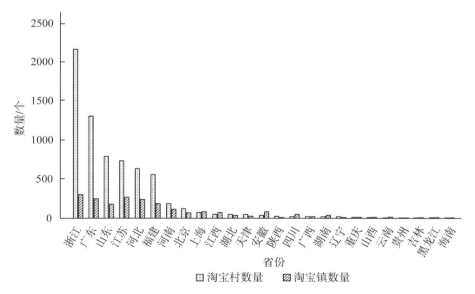

图9-1　2021年各省份淘宝村、淘宝镇数量分布

数据来源:阿里研究院。

3.需求结构失衡

京津冀三地的创新投资力度和公共服务水平分化,使得天津市与河北省两地接不住或留不住北京疏解的企业。京津冀三地的技术发展总

体水平存在断层,导致从北京疏解出的产业天津市不愿承接,而河北省无法承接,三地的技术协作难度较大。同时,三地居民对公共服务的需求不一致,北京、天津两市居民对公共服务的需求已走向中高端,而河北省需要进一步提高基本公共服务水平。

4.城市等级结构失衡

由于城镇化进程的差异,京津冀城市群的城市等级结构存在失衡。北京和天津两市基本实现全域城镇化,而河北省2022年的城镇化率仅有61.14%,小市区、大县城的情况较为普遍。北京、天津两市的人口规模均超过1000万人,属于超大城市;河北省2018年属于Ⅰ型大城市①的有石家庄、唐山、邯郸三个城市,而至2020年只有石家庄一个城市。因此,在京津冀都市圈内部,难以形成能够与北京市相抗衡的"反磁力中心"。对比第七次全国人口普查和第六次全国人口普查中区县人口变化,可以看出,人口增长最多的是北京市通州区和大兴区,增加60余万人,而环北京、天津两市的19个区县中,仅有河北省曹妃甸、固安县、霸州市、安次区的人口规模增加10万人以上。人口的空间固化将进一步导致城市等级结构失衡。

(二)关系维度

1.城市功能与城市能级

《京津冀协同发展规划纲要》对北京市的定位是"全国政治中心、文化中心、国际交往中心、科技创新中心",对天津市的定位是"全国先进制造研发基地、北方国际航运核心区、金融创新运营示范区、改革开放先行区"。虽然两者的定位看似没有冲突,但在实际发展中,两地存在城市功能重叠、产业同构等方面的可能性。北京市作为我国首都,汇集了全国甚至全球的高端人才、前沿技术和现代化产业,是全球城市网络中的重

---

① 根据国务院于2014年下发的《关于调整城市规模划分标准的通知》,城区常住人口300万以上500万以下的城市为Ⅰ型大城市。

要节点城市。天津市是我国超大城市之一,尤其是伴随天津市先进制造业的发展,与之配套的科学研发、金融商贸等现代服务业提升较快,但在全国的影响力依然有限。北京市和天津市作为综合性城市,城市功能相近但城市能级差距较大。天津市现代服务业的快速发展使其与北京市产业相似度逐步提高,两地面临产业同构带来的竞争可能性。

2.城市职能与城市级别

在京津冀地区,河北省属于较为弱势一方。一直以来,河北省的定位是服务好北京市。多年来,河北省在生态资源供给、大气环境治理等方面为首都发展作出了重要贡献。但是,在区域层面的合作中,河北省无法与北京、天津两市形成良好的产业合作关系,也无法从两市的产业结构中找到自己的配套产业,更无法依托两市发展实现自身发展。相反,北京市发展迅猛,吸引了大量河北省的优秀人才、优质企业等要素。虽然近年来北京的一些高新技术企业落户河北省,但由于各种原因,许多技术人才又回流北京市。改变北京市与河北省的关系,不仅需要打破行政区划上的藩篱,更需要在北京市与河北省之间建立新的合作关系。尤其是与北京市联系紧密的河北省廊坊、保定等市,要切实落实规划"一张蓝图",在基础设施和公共服务上实现共建、共享。[12]要实现北京城市副中心与廊坊市北三县的统筹发展,统一管控开发强度,支持北三县地区的产业转型,发展高新产业。

3.城市定位与城市属性

北京既是城市,又是首都,需要重新梳理两个属性之间的关系。[13]北京作为首都,政治中心和国际交往中心是其最重要的首都职能,首都功能核心区是首都功能的集中承载地,保障领导机关高效开展工作。同时,北京作为文化中心的城市定位,不仅要求其增强国际传播能力,创建国际创意城市,也要求其发挥辐射带动作用,建设中华文化引领地,还要求其挖掘自身的古都文明,打造历史文化"金名片"。北京科技创新中心的定位更多地反映城市功能,即使北京成为全球科技创新引领者、高端经济增长极、创新人才首选地。①作为汇聚各类高水平要素的超大城市,北京市的产业集聚、知识溢出和技术进步等效应得以充分发挥。理论上,北京作为首都和城市的双重属性较为明确,但在落实过程中无法分割,由此带来一系列难题。例如,由于土地归属不同主体,用地功能的优化调整受到主体间关系的影响。首都功能核心区的居住人口、建筑形态、商业设施、文旅活动等尤其需要重视"政府—市场—社会"之间的关系。

(三)制度制约

1.城市经济发展与政区制度

京津冀三地的行政等级落差,导致三地间行政壁垒丛生。京津冀三地虽然都是省级行政区,但北京市作为国家首都,是中央政府及党政军机关的集中地,需要处理中央与地方的关系,在管理体制上受到的约束较多。天津市作为直辖市,创新活力和开放力度有进一步提升的潜力。河北省需要下大力气优化营商环境,提升行政效率。国家层面的京津冀协同发展领导小组对京津冀协同发展制度进行顶层设计,首都提供的各类优势资源和机遇有利于激活天津市与河北省在市场竞争中的要素优势,京津冀三地间的制度差异改变了要素流动方向,有利于发挥京津冀三地各自优势。

2.区域合作与利益分配机制

京津冀协同发展存在短期性、阶段性问题。现阶段,京津冀三地的合作主要在生态环境治理、基本公共服务和交通基础设施建设领域,合作主体是地方政府,合作领域具有公共产品属性,合作方式是以解决具体问题导向。政府确实是公共产品属性领域合作的主导力量,但问题导向的合作方式存在较大的不确定性。京津冀跨流域、跨地区的生态环境

---

① 北京市规划和国土资源管理委员会《北京城市总体规划(2016年—2035年)》。

治理机制尚不统一,部门间、地区间的利益补偿机制尚不完善,三地政府之间的利益协调机制尚未形成。从京津冀三地实践来看,北京市在区域合作中处于主导地位,在环境治理、交通基础设施建设、优质教育与医疗资源共享方面的投入和输出力度很大,而这种投入和输出与要素流动的自然状态相反,必须基于行政力量才得以实现。三地政府是各地方利益的"代理人",地方公共利益最大化是地方政府追求的目标,当京津冀区域利益最大化目标与各地方政府利益最大化目标不一致时,如果没有完善的制度、成熟的机制及相关法律制度加以约束,这种政府主导型的区域合作和优势资源转移在很大程度上是不可持续的。

3.疏解地与承接地制度协调

雄安新区是推动京津冀协同发展的关键区域,其重要功能之一是承接北京非首都功能。雄安新区承接的首批疏解资源是中铁产业群、中电建等央企总部和分支机构,2023年引进央企二、三级子公司52家,央企在雄安新区设立各类机构超过200家[14],大规模的疏解和承接需要相关的制度协调和政策配套。首先,需要对雄安新区实施动态协调的产业政策。对雄安新区而言,其初始产业基础较为薄弱。作为当地主导产业的传统劳动密集型和高耗能、高污染产业,已被京津冀区域环境联防联控治理调控,而新的产业生态尚未建立,传统产业人员失业风险较高。因此,需要根据雄安新区产业发展实际和本地劳动力市场供需关系动态调整疏解企业和产业的时序。其次,需要建立京雄、京津冀等多维度的财税共享分担机制。一方面,北京非首都功能疏解和城市副中心建设提升了本地财源建设的需求,需要京雄两地协调建立财税共享机制,推动非首都功能疏解目标的实现。另一方面,雄安新区连通性基础设施是京津冀三地的区域性公共产品,需要中央和京津冀三地之间形成纵向、横向交错的府际财税协调机制,探索公共基础设施从建设到运营管理的长效机制。此外,雄安新区大规模建设创造了大量债务需求,在债务发行与偿还等方面发挥北京金融监管中心、科技金融中心的优势，探索多元化、可持续的基础设施投融资模式。

三、京津冀协同发展的思路转向

京津冀协同发展的核心是有序疏解北京非首都功能，通过疏解非首都功能，调整京津冀地区的经济结构和人口分布，实现空间结构重组，探索出人口经济密集地区优化开发、集约发展的模式。作为国家重大战略的空间承载地，解决京津冀协同发展的现实困难需要打破固化空间，通过功能重组实现空间重构，通过互联互通实现空间联动，通过协调多主体间的互动实现空间治理。从空间重构来看，应以非首都功能疏解为"牛鼻子"，重组京津冀三地内部的功能布局，雄安新区和北京城市副中心作为非首都功能承载地的"两翼"，应由建设思路转向发展思路；从空间联动来看，基础设施建设作为率先突破的领域，应由连通思路转向联动思路；从空间治理来看，在公路和轨道交通、环境联防联控、民生融合发展等方面，应从清单式解决具体问题的思路，转向制定跨域协同治理规则的思路。

（一）从临近思路转向近邻思路

京津冀地缘相接，人缘相亲，地域一体，文化一脉，历史渊源深厚，交往半径相宜，为市县优势互补、协同发展提供了良好条件。自京津冀协同发展战略被提出以来，交通路网、区域基础设施等硬件建设进一步缩短了三地之间时空距离，地理邻近优势得以释放。然而，与珠三角和长三角地区相比，行政手段是京津冀三地配置资源的主要方式，市场机制作用发挥不充分，导致统一要素市场建设滞后，市场化水平较低，行政过度干预造成的市场壁垒成为影响协同发展的深层次矛盾。为此，顺应2022年4月《中共中央 国务院关于加快建设全国统一大市场的意见》的要求,三地立足各自的比较优势与合作共赢的理念,促进土地、劳动力、资本、技术、数据、产权、人才、生态环境等要素市场的健全与培育,通过增强内生的市场性"化学反应",形成目标同向、优势互补、互利共赢的"近邻"关系,推动协同发展向纵深迈进。

(二)由建设思路转向发展思路

京津冀协同发展的推进采用政府主导的大项目投资建设模式,"钱从哪来"是京津冀协同发展面临的主要问题。京津冀三地以植树造林、水域治理、土壤治理、城镇垃圾处理为主的生态环境治理项目和以陆港空网络型设施建设为主的交通基础设施项目,雄安新区以新型基础设施、创新型基础设施、市政基础设施、产业园区配套公共服务设施、各类政策性住房等为主的城市建设项目,以及北京城市副中心以办公楼、运河商务区开发、大型公共服务设施等为主的功能新建和改造项目,都需要大量的资金投入。而此类项目均呈现规模大、收益少、投资回收期长的特征,私人资本介入有限,主要依靠财政资金交付。自2019年起,北京市一般公共预算支出进入"历史上最困难的时刻",每年对城市副中心的投入超过千亿元。雄安新区自建设以来,至2022年累计完成投资5100多亿元。[15]没有"造血功能"的城市,无法维持高水平的支出,非首都功能疏解承载地需要转变建设逻辑,实现可持续发展。

雄安新区和北京城市副中心硬件设施的快速推进,重点在于依照规划、图纸执行和落实,如何使"两翼"差异化地承接非首都功能,并将外部动力转化为内生发展能力是两地发展的重点和难点。实现"两翼"差异化地承接非首都功能首先要明晰其定位。依据2018年批复的《河北雄安新区规划纲要》,雄安新区作为北京非首都功能疏解集中承载地,要建设成为高水平社会主义现代化城市、京津冀世界级城市群的重要一极、现代化经济体系的新引擎、推动高质量发展的全国样板。雄安新区作为国家级新区,承接的非首都功能是央企总部和下级机构、金融机构总部和分支机构、国家级科研院所和创新平台，以及国家部委下辖事业单位等承担全国性经济职能、教育职能、研究职能的企业、机构和部门。雄安新区的发展分为两个阶段，第一阶段通过有序承接非首都功能培育雄安新区内生发展能力；第二阶段通过联动北京、天津两市，释放雄安新区的国家级功能，增强面向山西省、河北省、山东省、河南省甚至北方地区的辐射能级。

北京城市副中心的战略定位，是建设成为国际一流的和谐宜居之都示范区、新型城镇化示范区和京津冀区域协同发展示范区。在完成第一阶段的行政办公和公共服务功能植入后，应大力推动与商务服务和文化旅游两大功能相对应的产业发展。城市副中心承接非首都功能的重点是通过疏解调整存量，通过协同扩大增量。一方面，副中心承接中心城区存量人口疏解，通过疏解集中在中心城区的市级行政办公功能、市级和部分国家级医疗教育功能，实现中心城区常住人口疏解；另一方面，北京城市副中心与河北省廊坊市北三县协同承接或对接北京市级企业、产业园区，这种方式拓展了北京市经济功能和产业布局。通过与北三县协同一体化发展，优化北京市发展空间，进一步联动天津市武清区、宝坻区和蓟州区，推动京津冀协同发展。

（三）由连通思路转向联动思路

基础设施建设是提升京津冀三地通达性的先决条件，基础设施连通是物理性的体现[16]，京津冀进一步协同发展更需要三地之间能够产生多元联动的化学反应。基础设施互联互通为生产要素的跨区域流动创造了条件，尤其是京津冀三地发展差距较大的现实更需要多元化、多主体之间联动，激发协同活力。在京津冀交通基础设施联动的逻辑下，交通基础设施建设不只追求规模和密度的提升，更追求各类交通基础设施使用频率的提升，以及各类交通基础设施之间的联结。京津冀交通基础设施之间的联动能够实现全方位立体化的陆港空联动网络。然而，天津港、秦皇岛港作为京津冀地区两大重要港口,其货物吞吐量占全国港口货物吞吐量的比重持续下降(如图9-2所示)。这一趋势表明,更应加强天津市与河北省两地的港口群建设,通过与京津冀机场群、公路铁路交通网联动发展谋划陆海新通道。

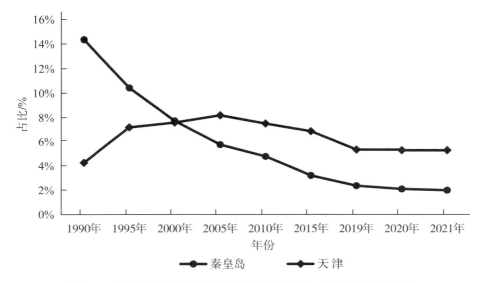

图9-2　主要年份秦皇岛港和天津港吞吐量占全国总吞吐量比重

数据来源:历年《交通统计年鉴》。

(四)由事务思路转向规则思路

随着京津冀协同发展走向纵深,就事论事、一事一议的事务逻辑会使区域合作中的"集体行动"陷入难题,由政府主导的清单式治理,不仅会使政府支出责任过重,也会抑制其他市场主体主动参与的积极性。因此,新时期京津冀跨域协同治理应由事务逻辑转向规则逻辑,统一规则是成本最低的一种改革方式。从政府端入手,通过政务服务一体化、行政审批互认等措施,统一规则,提高行政效率。从市场端入手,对标国际规则,统一技术规范,协调自贸区制度,不断完善市场制度,降低制度壁垒和制度成本。通过建构法治化、制度化的协同机制,保障各地区、各类市场主体在同一制度下依法依规行事,破除市场主体和生产要素跨区域流动障碍,激发京津冀市场主体的活力。[17]京津冀协同发展不仅包含"省—市—县—乡"常规性的行政层级,也包含"中央—地方""部队—地方"等特殊多维政治主体,需要在政府引导下理顺多主体之间关系,建立多层级、多元化、常态化的协调支撑系统(如图9-3所示)。

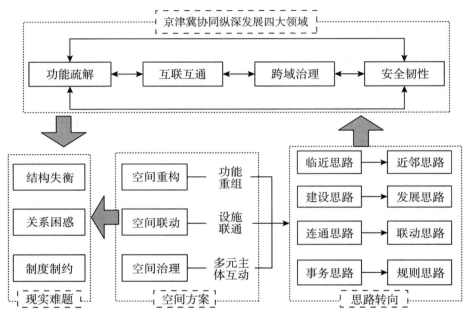

图9-3　京津冀高质量协同发展框架构建

四、京津冀协同发展走向纵深的路径探索

京津冀协同发展在中央和地方共同推动下,在硬件建设、事务性问题解决等方面取得了明显成效。随着京津冀协同发展走向纵深,需要通过流量创造、空间整合和事项重组等路径,破解协同发展中遇到的现实难题。

(一)共建安全体系,构筑区域韧性共同体

京津冀协同发展的安全底线,既有提高公共安全治理水平和完善社会治理体系的一般性,又具有保障首都安全的特殊性,为京津冀共建安全体系提出了更高要求。从公共安全与应急的角度看,需要完善京津冀地区公共安全体系,提高公共安全治理模式的事前预防能力。尤其是在气候变化的背景下,应提高京津冀地区防灾、减灾、救灾的处置保障水平,加强应急能力建设。从人民安全与保障的角度看,需要加强京津冀地区基层治理一体化发展,尤其是通州与北三县地区要进一步完善网格化管理、精细化服务,强化京津冀地区社会治安的整体防控。从加强三地城市安全、生态安全、生产安全、人民安全四个维度,构建京津冀区域韧性共同体。

(二)创造多维流量,深化京津冀要素协同

在人口减少的大趋势下,城市和区域间的迁移是特定区域人口增长的主要原因。因此,需要调整过去单纯吸引人口本地就业的方式,通过创造流量的方式盘活存量,推动要素在京津冀三地间自由流动,推动京津冀形成合力,辐射北方地区,提高北京全球资源配置能力。以市场化机制鼓励要素自由流动,减少政策性干预。政府部门加强对河北地区、雄安新区的教育支持、技术培训、就业辅导力度,提高劳动力整体素质,降低从业人员在企业间、行业间的从业壁垒和技术壁垒。建立资源共享机制,放松管制,通过减少约束放大知识溢出效应。北京市作为全国原始的创新策源地,面向天津市与河北省开放、共享其丰富的高水平科研院所资源,形成京津冀"原始创新—技术转化—产品生产"的梯度技术合作模式,破解京津冀结构难题。

(三)整合空间资源,促进京津冀功能联动

非首都功能疏解之所以是京津冀协同发展的"牛鼻子",是因为非首

都功能疏解能够通过整合空间，释放存量空间，优化京津冀协同发展的空间格局。建议在北京市内部推动疏解地区提质增效，优化存量土地利用类型、规模和布局。在北京市和天津市、河北省之间，首先推动北京城市副中心和北三县协同发展，通过政府引导、市场运作及合作共建等方式，推动交通基础设施、基本公共服务和产业向河北省廊坊北三县地区延伸布局；其次推动北京市与雄安新区两地协同发展，培育雄安新区作为京津冀地区新的增长极，联动北京城市副中心和天津滨海新区；最后推进首都圈建设，通过构建京津冀三地优势互补的产业链、创新链、供应链、人才链，使北京、天津、河北保定等地区的联动有实质性进展。

（四）重组协同事项，制度化三地协同机制

厘清权力清单、事务清单、治理清单，重新组合各类管理方案和机制，明确清单执行主体，廓清政府边界。从统一规划到统一政策，再到统一管控，抓住数字经济发展的契机，建立京津冀数字要素管理信息平台，建立共同分享机制。规范和统一专项资金使用，在三地建立利益无差别、动态可调整的区域间利益分享机制。同城化公共服务和设施，推动医联体建设、养老产业向河北适宜区域发展。

五、结　语

京津冀协同发展已进入第十年，在取得巨大建设成效的同时，依然面临着一系列现实难题，关键是处理好政府和市场的关系。京津冀三地具有鲜明的区域差异，这是初始禀赋在市场机制作用下的结果。高质量的协同发展需要尊重差异、合理利用差异，以市场化、法治化的手段推动三地优势相长，以高质量、高标准推动三地短板互补，在差异中谋求发展，在发展中缩小差距。

参考文献

[1]习近平主持召开座谈会听取京津冀协同发展工作汇报[EB/OL].(2014-02-27)[2024-05-15]. https://www.gov.cn/xinwen/2014-02/27/content_2624908.htm.

[2]分析研究当前经济形势和经济工作　审议《中国共产党统一战线工作条例》、《京津冀协同发展规划纲要》[N].人民日报,2015-05-01.

[3]稳扎稳打勇于担当敢于创新善作善成　推动京津冀协同发展取得新的更大进展[N].人民日报,2019-01-19.

[4]从三赴雄安,读懂总书记倡导的城市规划建设理念[N].人民日报,2023-05-11.

[5]张逸群,张京祥,于沛洋.政策干预对区域均衡发展绩效的检验:京津冀地区产业演化的历程解读[J].城市规划,2020,44(4):12-21.

[6]孙久文.新时期京津冀协同发展的特征与建议[J].城市问题,2022(12):4-8.

[7]张贵,孙晨晨,刘秉镰.京津冀协同发展的历程、成效与推进策略[J].改革,2023（5）:90-104.

[8]叶良海,吴湘玲.清单式治理:城市社区治理新模式[J].学习与实践,2018(6):108-115.

[9]王伟.深化京津冀协同发展　迈向世界级城市群[J].前线,2020(5):58-61.

[10]李珍刚,古桂琴.清单式治理在中国公共领域的兴起与发展[J].江西社会科学,2020,40(8):182-191,256.

[11]朱光磊,赵志远.政府职责体系视角下的权责清单制度构建逻辑[J].南开学报(哲学社会科学版),2020(3):1-9.

[12]石晓冬,孙道胜,寇宗淼,等.特大城市国土空间规划与实施的技术体系研究:以北京市为例[J].城乡规划,2022(6):41-48.

［13］张可云,蔡之兵.京津冀协同发展历程、制约因素及未来方向［J］.河北学刊,2014,34(6):101-105.

［14］【雄安之声】20240312［EB/OL］.（2024-03-13）［2024-05-15］.http://www.xiongan.gov.cn/2024-03/13/c_1212340716.htm.

［15］截至2022年底雄安新区重点项目累计完成投资5100多亿元［EB/OL］.（2023-01-24）［2024-05-15］.https://hebei.hebnews.cn/2023-01/24/content_8937132.htm.

［16］王浩宇,王永杰.联结与区隔:基础设施的两面性及其政策启示［J］.中国行政管理,2021（10）:146-154.

［17］李国平,吕爽.京津冀跨域治理和协同发展的重大政策实践［J］.经济地理,2023,43(1):26-33.

生活篇

第十章　观察:在雄安看见未来城市的样子

俞雪妍[*]

随着雄安城市发展蓝图一步步落地,6年来,安新、雄县、容城三县有12万多名群众搬离旧地、乔迁新居。

未来城市是什么样子?在未来城市生活是什么样的感受?每个人都对雄安这座未来之城有着不一样的期待。

容东片区是雄安新区实施回迁安置的首个新建回迁片区,这是一个以生活居住功能为主的宜居宜业、协调融合、绿色智能的综合性功能区,步行15分钟可达中学、社区服务中心,10分钟到达小学、运动场地,5分钟到达便利店、幼儿园。在这里可以看到"未来之城"生活的缩影。

容东片区还构建了"组团—社区—邻里"三级绿地公园体系,绿化覆盖率不低于50%,为居民营造"园在城中"的绿色生活环境,生活在这里,人们有实实在在的获得感和幸福感。

在雄安专职社工王硕的带领下,潮新闻记者探访了作为容东片区首批回迁安置社区之一的南文社区。

南文社区共包含三个小区,分别是弘文花园、弘信花园和弘德花园,三个小区共有2991套回迁安置房,是容东入住率较高的社区,居住人数也排在前列。

---

* 生活篇由红旗出版社总编辑、浙报智库北京研究院院长蔡李章统筹。本篇作者为浙江日报报业集团记者,本篇报道写于2023年10月24日。

一、"村转居"的变化与融入

从"田间地头"到"进城上楼"，回迁居民的生活环境发生了显著的变化，生活方式也随之转变。2021年5月，王硕开始到南文社区工作，同年11月，社区开始整体回迁，她也见证了居民一步步适应新生活的过程。

"我们一直在帮助居民努力地去适应。说实话，村转居这个过程不仅是村民从平房搬到楼房的转变，更多的是从思想认识上，能够认识社区、接受社区，适应这种生活的转变。开始可能还是多少有些不习惯，目前来说已经做得很好了。"王硕说。

一路走到居民楼下，记者发现地面上停放的车辆很少。王硕告诉记者，一直以来容东的地面上是不允许停车的，地库的车位非常充足。"来商店买东西，来饭店吃饭，都需要把车停放在地下车库。"

地面上同样少见的是小区内的垃圾桶，小区内整洁、有序，环境由原来村里的"垃圾遍布"，到现在的"垃圾不落地"。王硕也向记者科普了小区处理垃圾的方式："我们地面上其实是没有垃圾桶的，所有的垃圾都要扔在负二层，负二层有垃圾投放点，同时每天会有垃圾车来把垃圾收走，而地面上只设了果皮箱，用来回收果皮、塑料瓶等随手垃圾。"

"现在是老人在这边住，我们就在旁边的小区，弟弟妹妹们也在附近住，一般白天没什么事我们就过来陪老人吃个饭，晚上各回各家。"居民邢云的父母在第一批回迁中住进了弘德花园，住的是两梯两户精装修交付的高质量回迁房，她自己也成了小区的一名"楼门长"。"楼门长"平时负责组织社区的活动，解决邻里之间的小矛盾，帮助居民更好地融入新的生活环境，又被称作社情民意信息员、方针政策宣传员、便民服务代办员、文明新风倡导员、民主协商议事员。

"'楼门长'起到了非常好的一个调节作用，因为我们也是从农村过来的，跟居民们打起交道来比较方便，平时我们也会在社区组织一些活动，号召大家参加，我们还设立了养老驿站，白天都是对外开放的，老年人可以在这里放松、娱乐，老人们回迁后有了很多新的兴趣爱好，养老驿站很多项目都非常适合。"邢云说。

二、"最大的感受是便捷、宜居"

在雄安新区，处处都能感受到"未来之城"的智慧之美与生态之美，这也让居民真切地感受到回迁新生活的便捷、宜居。

不久前，自动驾驶的巴士被纳入容东片区的城市公交系统，目前正处于试运营阶段，已累计无事故运营 5000 小时左右，累计运营里程近 10 万公里，接下来还将在雄安新区开通 3 条公交线路，实现容东区域内东西联络和通勤接驳。

"在这里生活，最大的感受就是便捷、宜居，小区附近都配备了各种果蔬店、便利店，还有公交车站，出小区就能坐公交车，片区内卫生站、警务站的配备都是很完善的，下楼 5 分钟之内，基本上所有问题都可以得到解决。"邢云说。

新区设立以后，白洋淀得到了有史以来最大规模的系统性生态治理，2021 年，白洋淀水质从劣 V 类提升至 Ⅲ 类，实现巨大的突破，进入全国良好湖泊行列，"华北之肾"正在加快修复中。此外，雄安郊野公园、金湖公园、悦容公园等，都是新区居民们重要的生态和休闲空间。

"南文社区整体是三面公园环绕，绿地覆盖率很高，大家在下了班之后，带着老人孩子在公园里散步，非常方便。"王硕说。邢云也告诉记者，"家里老人住进楼房后时间变多了，现在没事就骑自行车到处玩，附近的公园也比较多，去散散步、钓钓鱼，环境特别好，心情也舒适。"

三、"最有获得感的是孩子们"

雄安新区自设立以来，先后制定了《起步区教育专项规划》《雄安新区智慧教育五年行动计划（2021—2025年）》《雄安新区推进教育高质量发展实施方案》《河北雄安新区构建现代化教育体系三年行动计划》等系列教育发展相关文件，为新区现代化教育体系建设奠定基础。

回迁以来，雄安2万多名回迁学生顺利转入片区新建的38所高品质学校，这里不仅有高标准建设的教育设施，还有高素质的师资队伍，近年来，雄安新区在全国范围内招聘了大批名师、名校（园）长，效果非常显著。

"5分钟到幼儿园、10分钟到小学、15分钟到中学，现在孩子们上学都是就近，步行就可以到学校，省去了家长接送这个流程，更方便了，社区还会经常组织学生们进行课外活动。"邢云告诉记者。

王硕向记者坦言，目前，对于回迁的老百姓来说，最有获得感的应该是孩子们。"教育资源的配置正在按照规划进行，原来村里的教学条件肯定没有现在这么好，现在所配备的师资力量、硬件设施还是非常优越的，老师都是从全国各地招聘来的，孩子们切实享受到了优质的教育。"

第十一章　观点：雄安房产新政，对我们有哪些影响？

沈爱群　俞雪妍[*]

衣食住行，人生四事。一座城市的房产政策，是涉及老百姓的民生大事。2023年9月20日，河北雄安新区发布房产新政：取消商品住房预售，实行现房销售，实现"所见即所得、交房即交证"；同时，雄安新区支持有意愿的人才，通过租房解决住房问题，并在教育、医疗、就业等公共服务领域"租售同权"。

一个月过去了，雄安新区房产新政实施得如何？当地居民对此有哪些感受？它对我们又将有哪些影响？日前，潮新闻再次踏上这片承载着千年大计的土地，寻找答案。

一、"雄漂"：这里已具备新政实施的要素

2017年4月1日，这片位于河北省保定市的面积约1770平方公里的区域，被赋予一个新的名字："雄安"。短短六年里，雄安新区从无到有、从蓝图到实景，一座高水平现代化城市正在拔地而起。

雄安被誉为"未来之城"。

这座城市的建设，吸引了无数来自四面八方的"新雄安人"，他们有一个共同的名字："雄漂"。

---

* 作者为浙江日报报业集团记者，本篇报道写于2023年10月22日。

　　潮新闻记者探访后发现,作为"漂"字一族,"雄漂"们对雄安这座城市的热爱,已几乎与当地居民没有区别。

　　为啥?

　　"在雄安,能看见城市的未来。"湖南人秦宇告诉我们,"我从湖南老家出来,走南闯北去过不少地方。作为这座城市的建设者和城市发展的参与者,雄安,让我从踏上这片土地的那一刻起,就有了强烈的'回家''到家'那样的认同感。"

　　秦宇所说的"认同感",源于雄安在公共服务领域对"雄漂"和当地居民的一视同仁。

　　在雄安,我们还遇到了已经在这里奋斗了六年多的浙江人许峻。雄安新区宣告成立不久,从事长租公寓运营管理的许峻就来到了这里。这些年,他做的最多的,就是帮踏上这片土地的"雄漂"们解决租房问题。因此,许峻对雄安城市的变化和房产新政非常熟悉。

　　"雄安借助数字技术,构建了一个以雄安数字城市中个人身份标识为出发点、以雄安数字身份标准与雄安数字身份基础平台为建设内容的完整体系。"许峻说,"其目的,就是确认你是真正在雄安工作、居住并生活的'雄安市民'。"

　　在许峻看来,正是有了这个数字技术平台,让雄安的房产新政实施起来毫不费力。"因为在雄安,新政实施的各个要素都已经具备。"许峻表示。

　　"大家都有一种印象:雄安新区当初成立时非常高调,后面就一直非常低调,外面的人都不知道雄安建设得怎么样了?作为一个六年来天天工作、生活在这里的'雄漂',我可以负责任地告诉大家,这座城市正建设得如火如荼,一月小变化、三月大变化。你看最近一年,雄安城市地标建筑之一的'雄安之眼'已经建好了,雄安新区中关村科技园也揭牌了。"许峻说,"现在雄安对外宣布的,比如房产新政,都是已经在这里探索成熟了、可以实施的政策。"

就现房销售来说,许峻记得,自2017年4月1日宣告成立后,雄安新区的房屋买卖就全面停止。"一直到2023年2月才恢复房屋买卖,是因为容东片区的华望城开始销售,这也是雄安新区首个商品房项目。"许峻说,"其后,随着容西、雄县等片区的安置房及商业开发项目陆陆续续完工,实行的都是现房交付和销售。"

"我看到的是,这里不仅是现房交付,还都是精装修的,没有毛坯房。"许峻解释说,所谓精装修,就是实木地板、橱柜、壁纸、厨房的抽油烟机、卫生间的抽水马桶之类的,都给安装好了,住户只要自己买张床、添置点锅碗瓢盆就可以生活了。

再说租售同权。

为构建"租购并举"的住房体系,雄安新区从2020年起开始大力推进租赁住房建设。容东片区安置住房预计有三分之一以上进入租赁市场;容西、雄东片区安置住房也将陆续交付,成为租赁房源的重要补充。雄安新区在启动区、容东片区、雄安站枢纽片区等新建片区住房项目中,按照不低于30%的标准配置"只租不售"租赁住房,确保在人口流入的重点地区始终保有一定规模的租赁住房。

"其本质是要回到城市公共服务资源的分配上来,体现公平、公正。这样的公共服务资源,还包括教育、医疗、就业等。"许峻说。

作为"雄漂",许峻现在还是租房一族。"尽管是'雄漂'租户,但我在教育、医疗、就业等公共服务领域,同购房人员享受同等待遇。"他解释说。

据了解,2023年7月,共有1400余户家庭凭租赁备案合同报名雄安新建片区学校。

二、雄安居民：在这座城市生活，幸福感爆棚

2023年10月16日，雄安宣武医院开始进入开诊（试营业）阶段。雄安宣武医院总建筑面积12.2万平方米，建设分为两期，此次开诊试运行的一期为北京市采取"交钥匙"方式投资建设项目；二期为雄安新区投资建设项目（床位600张），目前处于二次结构及机电安装施工阶段。

潮新闻记者在探访中了解到，这家医院的开诊，对当地居民来说，意味着雄安的公共服务又上了一个新台阶。

这是雄安新区第一家以三甲医院标准建设的高水平综合医院，也是雄安新区的医疗中心。该院由首都医科大学宣武医院运营管理，并派驻高水平专家团队以达到同质化的医疗服务水平，接纳当地及周边居民就近就医。

"以后看病再也不用去北京了，因为在雄安就能找到好医生了。"李哥高兴地告诉我们。

47岁的李哥是雄安本地居民，去年9月搬进了容西片区的安置房。他告诉我们，以前在雄安，只有两家本地医院：容城县人民医院和容城县中医医院。"以前我们遇到疑难杂症或者想找好一点的医生，就得去北京。我带家人去过两次，每次都得提前一天就去，排老长的队才能挂到号，很不方便。"

据了解，未来雄安将有三所三甲医院，除了已开诊的雄安宣武医院，北京协和医院国家医学中心（雄安院区）项目已开工建设，北京大学人民医院雄安分院建设项目也已启动。

在李哥看来，生活在雄安，幸福感已经爆棚。

"在雄安，已经实现了房子是用来住的、不是用来炒的。房价不会暴涨暴跌，这让我们的心里都妥妥的。"李哥说。

他还告诉我们，他有个随央企疏解到雄安工作的亲戚，今年也在雄安买了房，"主要是把在北京缴存的公积金利用起来贷了款"。

公开资料显示,近两年雄安新区加快推进疏解人员公积金政策对标北京。2022年起,疏解人员住房公积金缴存上限已按北京标准执行。2023年6月,疏解人员"在雄购房、在京公积金贷款"落地。有雄安购房需求的、在雄安稳定工作的疏解人员,可利用在北京缴存的公积金进行贷款。

李哥说幸福感的另一来源,是雄安居民对未来生活的预知与"把控"。

"出门就是公园。大家有目共睹,雄安的绿化没的说。城市建筑都是绿色低碳,冬天我们取暖用的都是地热。"李哥自豪地说,"在老百姓很关注的教育上,我生活在容西,原先这里教育质量不咋地,大家都爱把孩子送往隔壁的保定市徐水区去上学;现在倒过来了,徐水人抢着把孩子往这里送。"

李哥还觉得,随着北京四所疏解高校的到来,未来他家孩子还可以实现在家门口上大学。

作为首批疏解到雄安新区的高校,2023年9月23日,北京交通大学、北京科技大学、中国地质大学(北京)、北京林业大学宣布成立"雄安高校协同创新联盟"。四校将以"一校两区"的方式,预计于2025年秋季在雄安校区对外招生,2035年完成搬迁。

潮新闻记者还在探访中了解到,除了高校,雄安新区在中小学、幼儿园的配置上也是"顶级"的。2023年9月1日,北京援建雄安的三所"交钥匙"学校——雄安北海幼儿园、雄安史家胡同小学、北京四中雄安校区正式揭牌,开学纳新。一个多月来,北京优质教育资源在雄安的校园里渐渐落地生根。新教法、新理念、新环境,为孩子托举起更大的梦想。

三、专家:雄安房产新政,对我们有哪些影响?

雄安新区房产新政的发布,引起了社会各界的广泛关注。

北京"三浙"发展平台执行主席项洪斌五年前就在雄安注册并运营了两家公司。在他看来，雄安新区推出的房产新政，是雄安新区产城融合、职住平衡、租购并举、房住不炒、整个住房体系的一个有机组成部分。

浙江大学城市治理研究所副所长、研究员、博士生导师邹永华指出，雄安新区房产新政的价值，在于助力雄安新区成为高质量发展的样板之城。高质量发展的核心在于发展创新型经济，而创新型经济的核心在于各类人才能够在城市里安居乐业，安居乐业需要适当的住房政策保障。雄安新区执行现房销售，减少了购房者的风险、保护了购房者的权益；雄安新区推广租售同权，保护了租房者的权益。

"也就是说，无论是购房者还是租房者，其居住权益和获取公共服务的权益，在住房新政中都得到了很大程度的保护。"邹永华说，"这样有助于他们安居乐业，全心全力地投入创新型发展中，有利于实现雄安新区成为高质量发展样板城市的初衷。"

雄安房产新政，对生活在其他城市的我们来说有哪些影响？

北京住宅房地产业商会会长黎乃超认为，取消房地产预售制度，全面实行现房销售，雄安这个被称为"现房销售新时代"的变革，无疑给房地产市场带来了新的挑战和机遇。

黎乃超觉得，这是对房地产市场秩序的一次重塑。预售制度的取消，将使开发商更加注重房屋的质量和配套设施的建设，有助于提升房地产市场的整体水平。同时，现房销售也将使购房者有更多的选择余地，可以根据自己的需求挑选满意的房源。

"所以，这次雄安新政的试点，无疑会为全国的房地产市场带来示范效应，未来可能会在全国范围内进行推广，从而进一步推动房地产市场的健康发展。"黎乃超表示。

邹永华则从房地产、城市规划、公共政策三者之间相互影响的角度给予了评价。他认为，我国过去一直采用住房预售制，虽然很大程度上解决了房地产开发融资难的问题，但同时也带来"烂尾楼"的风险，侵害了购房者的权益。在如今融资渠道多元化的背景下，如何探索更为高效、更安全的房地产开发融资方式，是决定未来房地产开发模式转型的关键问题。另外，"租购同权"在很多城市开始实施，但是执行效果并不尽如人意，主要原因是优质公共资源（特别是教育资源）的不充分、不平衡。

"雄安新区对租购同权的探索，对全国其他城市扩大优质公共服务资源供给、推行优质公共服务均等化，具有重要的借鉴意义。"邹永华说。

他还指出，雄安房产新政也提到了要利用数字技术的潜力来完善住房治理。在我国过去的住房发展阶段中，往往存在重建设、轻治理的倾向，导致很多居民虽然有房住，但是居住质量不佳。通过数字技术来提升住房治理水平，是从"住有所居"走向"住有宜居"的重要一步，对提升社区居民的幸福感和获得感、建设以"人民为中心"的城市大有裨益。

潮新闻记者在雄安看到，这座"千年之城"还在热火朝天建设中，雄安新区的变化可谓日新月异。

来到雄安，当地居民都会建议你到雄安商务服务中心逛一逛、看一看。在雄安商务服务中心广场，有一个"未来之城"的标志性装置，那是一个代表着"时间"的钟面，非常显眼。

"2035年，雄安新区建设现代化城市就要进入第二阶段了。2050年，这座城市将全面建成。"许峻这样告诉我们。

是啊，对我们来说，雄安新区的建设以及这里进行的任何一种探索，都是那样值得期待。

也许，"时间"可以"洞见未来"。也唯有时间，可以验证一切。

（应采访对象要求，李哥为化名。）

第十二章 纪实：在这片承载着千年大计的土地上，来自浙江的"雄漂"干得怎么样？

肖淙文　叶怡霖　俞雪妍*

　　雄县、容城县、安新县，这三个地名曾经或许很少有人听过。而自2017年4月1日起，这片位于河北保定约1770平方公里的区域，被世人聚焦，它们及周边部分区域被赋予了一个新名字：雄安。

　　踏上雄安街头，很容易产生一种穿越感。随处可见的"心向往之，妙不可言"标语下，穿梭的车流，汇聚了全国各个省份的车牌号；惯常挂在高楼大厦上的"国字头"招牌，在这里挂在一间间颇具年代感的门面房上，串联出当地人口中的"央企一条街"；只需10分钟车程，从老城穿越一座红底黄字的"雄安牌坊"，就能见识到集合了最顶尖建造工艺和智慧科技的"未来之城"……

　　2023年5月10日，习近平总书记第三次前往雄安考察调研，对雄安建设作出肯定："短短6年里，雄安新区从无到有、从蓝图到实景，一座高水平现代化城市正在拔地而起，堪称奇迹。"[1]

　　建设雄安新区是千年大计、国家大事，奇迹的创造离不开一个个"新雄安人"。2022年5月发布的《河北蓝皮书：河北人才发展报告（2022）》显示，到2025年，雄安新区人才资源总量将达到54万人，人才密度达46.2%，人才贡献率达60%。其中，必将少不了浙江人的身影。

---

　　* 作者为浙江日报报业集团记者，本篇报道写于2023年10月16日。

一、到雄安去

37岁,在上海打拼10年的浙江天台人许峻,做了人生的重要选择:到雄安去。

飞机降落在首都国际机场,他驾车一路驶向西南方,飞速倒退的风景中,前几日爆火的新闻"投机者后备箱装现金买下一层楼"在脑海中频闪。许峻不想做投机者,在上海他深耕住房租赁领域,来到雄安这个大市场,他想做开荒破土的"淘金者"。那是2017年,彼时他眼前的雄安还保留着它最原始的面貌,空气中粉尘厚重,路边摊替代临街商铺,让本不宽阔的街道更显拥挤。"仿佛回到了90年代的浙江。"但这没有劝退许峻,自此,他有了一个新身份——"雄一代"。

三年后的冬天,同样被商机感召而来的新杭州人张永超,则为工地上飞扬的尘土感到兴奋。张永超是浙江极客桥智能装备股份有限公司北京分部的负责人,总部位于绍兴的"极客桥"制造的便携式照明无人机当年在武汉抗疫应急医院建设中一战成名。站在进入全面建设之年后的雄安启动区,"叮咣"的施工声从清晨响到黑夜,大地的震颤,让张永超心跳加速。"这里太需要我们了。"

浙江万邦工程管理咨询有限公司雄安分公司负责人李文兵,则带着使命而来。此前,公司的业务多集中于浙江,经营收入稳居行业排名全国前五、浙江第一,雄安分公司是他们向北方拓展的第一家分公司。"干不好,砸的就是浙江的招牌。"2021年冬,团队一行6人载着行囊开车北上,20多个小时后,迎来了到雄安后见到的第一缕朝阳。

雄安,千年大计的承载地,如同一个精神地标,吸引着八方来客。国务院国资委的信息显示,雄安新区设立6年来,先后有63家中央企业投身雄安新区建设,国企、民营企业和创业者不可计数。这些响应国家号召的建设者、盯紧商机的"淘金者",或是心怀理想的逐梦者,共同组成了庞大的"雄漂"群体。

当"共谋千年大计"的使命感走入日常，踏上这片土地的浙江"雄漂"们思考的问题，是如何扎下根来，在全国最具实力的企业和最优秀的人才中，提供自己的价值。

清晨7时，来不及"安营扎寨"的李文兵抹了一把脸，直接将车开进了雄安容西片区安置房的施工现场。项目一期的建筑面积600多万平方米，是"金牌造价师"李文兵职业生涯参建的体量最大的项目。作为重点项目，容西安置房的建设不仅要高质高效，更要体现现代化宜居宜业的特色。高要求、高定位的"雄安标准"，鞭策着他迅速切换工作模式。"会议常开到后半夜，有时讨论间隙看一眼窗外，天都亮了。"为此，李文兵和团队直接搬进了集装箱板房，随时待命。

在项目负责人之外，李文兵还身兼万邦雄安分公司筹建者的角色。他发现，即使企业在业内已做到头部，应聘者对初来乍到的"南方客"仍不太信任。"公司会不会干两年就走了？"面对新员工的质疑，他没有极力说服，而是默默成了团队里最后一个下班的人。"白天当老板，晚上睡地板"，北方干冷的空气里，这个南方小伙儿流着鼻血审核项目变更，房间的灯总是亮到最晚。

"口碑是干出来的，其他就交给时间。"开创企业新版图的第一个项目，他们在工地结结实实"钉"了6个月。在雄安集团2022年底的综合评价中，万邦从67家造价咨询机构中脱颖而出，成为8家获评优秀的机构之一，让不少人看到了浙江的决心和诚意。

二、"一张白纸"的多种可能

"一张白纸"上，平地起新城。雄安这个大市场，对众多民营企业、创业公司而言，意味着前所未有的机遇。不同于有着丰厚"家底"的大企业，以许峻和张永超为代表的创业者，要走一条更具挑战的路：带着近似"白纸"的简历突出重围，在"巨人"林立的市场，探索自身发展的可能性，并咬下一块"蛋糕"。

浙商的"四千"精神①在新区继续演绎精彩故事。许峻看准的商机,是将居民的闲置住房统一修整,让众多雄安建设者能"拎包入住"。为了调研可租房源的数量,他"走遍千山万水"摸排了雄安的大小社区,没有大公司广撒网的人力,就"想尽千方百计"巧用资源,"撬动"民间力量。

每到一个小区,许峻先与小区门口的小超市建立联系,借助店家"打入"小区微信群,再将调研需求分发在群里,凡有出租意愿的居民都可通过超市登记,并获得赠礼。一个月的时间,一箱饮料换一份资料的"土办法",让无数线下超市成为链接百姓的节点。最终,展现在他面前的是一个广阔的市场:雄安下辖的容城县150万套住宅中,有约30%的可租房源,这份"租房地图"就掌握在他手中。六年过去,许峻创立的雄安盈家公寓管理有限公司,运营着包括白领公寓、员工宿舍等住宿类项目,这些温馨小家,成了不少"雄漂"落脚的第一站。

同一片区域,当夜幕降临,路上来往奔波的人便换成了张永超。他的目标是让"极客桥"的照明无人机像星星一样,布满雄安施工现场的上空。这些"星星"曾经照亮武汉火神山、雷神山医院建设工地,但走出应急救援领域,新兴照明方式仍不为大多数人接受,这让"说尽千言万语"的张永超一度在雄安处处碰壁。

年轻时,张永超当过兵,还亲历过1998年抗洪抢险,这个脊背直挺的男人,身上有种永不言败的韧劲儿。"没用过,我就免费送服务。"这是"极客桥"来到雄安助力建设的初心,也成了他打开局面的突破口。在新荣乌高速一处没有围挡的高架桥工地,张永超看到绑钢筋的工人头顶只有一根竹竿撑着灯泡照明,便迅速将无人机升空,亮光瞬间铺满大地,让近1万平方米的范围亮如白昼。"这是什么灯,怎么这么亮?"项目负责人被吸引而来。这"第一照"在雄安施工圈中点亮了口碑。

---

① 浙商"四千"精神是指浙江人敢于改革、善于拼搏、不畏艰险的创业精神,具体表现为:走遍千山万水、想尽千方百计、说尽千言万语、吃尽千辛万苦。

从"一张白纸"到"塔吊林立"，从"规划先行"到"雏形凸显"，看着这片日新月异的土地，在雄安的浙江人有一个共同的感受：他们是在与政府一起创业。这种贡献智慧同时也成就自身的共生感，让人振奋。

采访中，潮新闻记者也明显感觉到，以"未来之城"为目标打造的雄安，不仅是疏解北京非首都功能的新区，更是为"大城市病"提供解决方案的试验田。在"一张白纸"上，碰撞出的无数种可能，未来或将引领各行各业的发展方向。

搭车跟随许峻沿着致富东路一直向前，道路尽头的平安新区小区，藏着雄安第一座"直流供电长租公寓"。2019年，盈家公寓与国电雄安合作，将三套公寓从交流电改成了直流电，改造后的房屋可降低近30%的电量损耗。此外，房屋内可联网的家庭能源中心还能实时监控、采集家用电器的电压、流量等信息，对家庭能效管理进行智能控制。"这将是未来用能的发展方向。"许峻说。

而在张永超的推广下，雄安"地下一座城"的重点工程——启动区地下综合管廊项目，第一次采用了无人机照明。在深约20米、宽近100米的管廊施工地，一颗"明星"稳稳升起。"这解决了我们传统照明中光照不足、光线不清的难题。"雄安新区启动区市政管廊项目负责人吴智霞如是说。站在高地操作无人机的张永超，亲眼见证了该项目段"第一罐灰"的浇筑时刻。如同一个起点，无人机照明与建筑工程的结合或将从雄安起步，在各领域中创造更多应用场景。

三、融合共生，妙不可言

出生在台州、创业在上海的许峻，如今已开始逐渐适应北方的饮食习惯。"现在给我个馒头，卷葱蘸酱我都能吃得津津有味。"而他曾经最大的苦恼，是雄安遍地都是烧饼铺、面店，一周吃不上几次米饭。六年下来，他也熟练掌握了叙茶之道。"谈事情的场景是不一样的，在上海我们习惯约在咖啡馆,在这边一定要有一张茶台。"

5月的华北平原,杨絮飘飞。这些从南方"飘来"的人们,也如种子一般,要适应水土,落地生根。融合,才能共生,这是他们工作之外的必修课。

在雄安新区管委会挂职刚"满月"的沈超峰,此前是杭州钱塘区的干部,初到雄安,他就经历了一次印象深刻的"交接仪式"。挂职期满的前辈,将大到办事流程、工作经验,小到适合打牙祭的南方菜馆等信息一股脑儿地传授给他,临走时还赠送了不少生活用品。而早在抵雄前,他就被拉进了一个20多人的"雄安浙江老乡会"微信群,群内的欢迎消息不断蹦出,表达的都是一个意思:"出门在外,有什么需要帮忙的尽管说。"这正是浙江"雄漂"常挂在嘴边的话。

而让浙江省工程勘察设计大师、杭州园林设计院股份有限公司总裁李永红感到"妙不可言"的,是南北方风景美学文化和生态建设理念的碰撞融合。

在雄安的建设规划当中,白洋淀是打造蓝绿交织、城淀相望的生态城市的必要一环,她牵头负责的白洋淀旅游码头,是不少游客接触白洋淀的第一站。漫步码头,古色古香的"水上巴士"画舫船一字排开,开阔水面上堤岛相连的格局,露出几分西湖的影子。

"白洋淀之于雄安,就像西湖之于杭州。"杭州园林设计院股份有限公司一院四所副所长邹广青说。乾隆皇帝巡游白洋淀时,曾将二者相比,写下"谁知今赵北,大似向杭西"。此前,"西湖西进"工程将西山路复还为杨公堤,拓展了湖西水面,形成"湖进人退"的新格局。白洋淀码头借用这一理念,打造了"淀进人退""淀进城隐"的格局。团队在老防洪堤之外,设计了200年一遇防洪标准的新安北堤,后退的大堤腾出了更多生态空间,使大堤区域从传统的水利、交通功能,向城市滨水生态绿地和公共开放空间拓展。两堤之间重建的三个游客服务中心,以水滴形态点缀于微缩白洋淀景观水系中，仿佛三叶扁舟，还原了荷塘苇海的淀泊风光。

设计团队还吸收了不少本地智慧。潮新闻记者发现，作为白洋淀一大特色的芦苇，以建筑屋面主材的形态体现在了"三叶扁舟"上。"芦苇是白洋淀的乡愁记忆，我们借鉴了在地的芦苇工艺。"邹广青揭秘，制作芦苇屋顶要精选白洋淀的芦苇，进行防火、耐久的工艺处理，再用不锈钢丝将芦苇绑成束，一层层向上堆叠，为了增加强度，每一层芦苇束中间还放置了不锈钢压片。最终成型的芦苇屋顶质朴厚重，展现了淀泊风貌特色，让建筑隐入风景之中。

"有些事情，只有在雄安才能做成。"作为最早吃螃蟹的人之一，许峻深感各方力量与资源汇聚形成的巨大能量，这也是雄安让人"心向往之"的魅力。

5月10日，习近平总书记在雄安新区主持召开的座谈会上强调："要打造市场化、法治化、国际化一流营商环境，研究出台一揽子特殊支持政策，广泛吸引、聚集国内外力量和资本参与雄安新区建设和发展，形成人心向往、要素汇聚、合力共建、共同发展的生动局面。"[1]

浙江大学雄安发展中心主任石敏俊将其解读为一种更开放、包容的信号："如果说雄安前期的建设主要靠行政力量的推动，那么未来，引入市场要素是必然选择。"他告诉潮新闻记者，特别是到转型阶段以后，培育市场主体非常重要，不仅要重视北京疏解过来的市场主体，还要考虑适时引入非北京来源的市场主体。未来，或将有更多浙商、浙企北上，为雄安带去源源不断的内生动力。

参考文献

[1] 坚定信心保持定力 稳扎稳打善作善成 推动雄安新区建设不断取得新进展[N].人民日报，2023-05-11.